GUSTAVE LE VAVASSEUR

COURRIER D'ITALIE

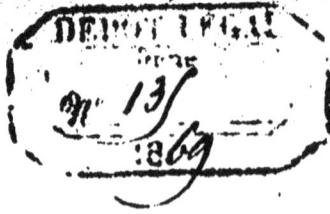

GUSTAVE LE VAVASSEUR

COURRIER D'ITALIE

FEVRIER - MAI 1869

ALENÇON

E. DE BROISE, IMPRIMEUR ET LITHOGRAPHE

PLACE D'ARMES

1869.

I

MON CHER AMI,

ORSQUE, le mois dernier, en m'envoyant mon passeport pour l'Italie, vous me demandiez de vous adresser mes impressions de voyage, je vous promis un peu étourdiment. Aller de Marseille à Gênes, à Rome ou à Naples n'est pas une traversée plus pénible aujourd'hui que l'ancien voyage d'Alençon à Caen par la route de Tours. De Marseille à Civita-Vecchia, on ne passe qu'une nuit et quand la mer est belle, le bateau des Messageries impériales ou celui de la Compagnie Valéry vous berce plus doucement que l'ancienne patache. On a de moins le froid aux pieds, le cliquetis des grelots, les jurons des postillons et les mortelles stations nocturnes aux relais. On a bien l'insupportable coup de piston de la machine à vapeur; mais qui n'a demeuré sur terre vingt-quatre heures dans le voisinage d'une usine?

Aussi tout le monde a fait le voyage ou tout le monde va le faire. Il n'y a plus de casaniers et les bourgeois ont leurs carnets comme les artistes

Ceux-là seulement sont plus personnels que ceux-ci ; ils tiennent à leurs impressions et se soucient peu des cancans du carnet d'autrui. Si vous trouvez que le panier que je vide à votre porte est une hotte d'épluchures banales, vous l'y laisserez ; si ma salade d'herbes connues est assaisonnée d'une façon tant soit peu nouvelle, sinon piquante, vous la servirez à vos lecteurs.

Comme c'est devant un jury que je comparais, permettez-moi de commencer par prêter *mon serment*. Je promets de dire *ma* vérité, et rien que *ma* vérité. Toute *ma* vérité ? — Nous verrons.

Je m'étais préparé courageusement à vous envoyer une analyse raisonnée, détaillée, étudiée du mal de mer. Je me proposais, avec l'outrecuidance d'un ignorant, d'être à la fois le chirurgien et le patient. La Providence a épargné une défaite à ma vanité en ne m'envoyant, ainsi qu'à mes compagnons de voyage, que de légers prodromes de la maladie. Si l'observateur est bredouille, le sujet fait la nique à l'opérateur et se réjouit de l'avoir échappé laide.

Rien de monotone comme une mer calme, rien de classique comme un ciel pur et un beau clair de lune. *Admirable matière à mettre en vers latins*, le sillage majestueux du navire, le reflet moiré des vagues, les diamants dont le soleil les constelle, les perles qu'y sème la lune, qui n'a vu, qui n'a décrit tout cela ? *Cœruleum mare*. Halte-là ! La Méditerranée n'est pas bleue, au moins aujourd'hui, mais pas bleue du tout, malgré la pureté de l'atmosphère. Le firmament n'est pas d'un outremer plus intense qu'un ciel de Normandie ; l'eau est métallique, noirâtre, sans grande transparence, mais elle n'est bleue que pour ceux qui ont sur les yeux des lunettes de cette couleur.

La pleine mer est un grand paysage sans cadre, avec ses vallées, ses montagnes, ses horizons imprévus, elle n'est uniforme que dans l'ensemble, comme une armée rangée en bataille. Chaque vague a son originalité et pour ainsi dire, sa personnalité, sinon sa vie propre. Les flots, les ricochets de lumière, les reflets, les éclairs, les bouillonnements, les rides, les clapotements ne sont pas plus semblables entre eux que les feuilles des forêts et les sables des rivages.

Cette fois, le lieu commun est le vrai. Les yeux héroïques ont bien vu, Homère n'était pas aveugle ; mais celui (Saint Augustin ?), qui a dit : *Amare, mare,* y voyait plus loin qu'Homère.

Je suis depuis dix jours à Rome. J'ai vu tant de choses que le sac aux souvenirs est plein jusqu'à la coulisse, d'un fouillis qui se tasse à mesure qu'un nouveau venu s'introduit par force. Avez-vous quelquefois vu se hucher des dindons ? Si vous croyez que je vous dis une sottise, je prends la niaiserie sur mon compte, j'ai fait cette observation d'histoire naturelle. Les dindons sont cent, deux cents et montent un à un par leur échelle sur la claie qui leur sert de lit commun. Le premier se met à l'entrée, le second le pousse, et ainsi de suite jusqu'à ce que les premiers montés, de reculade en reculade, aient atteint le bord opposé. Mais bien qu'il y ait de la place pour tout le monde, ces animaux sont si maladroits qu'il en reste souvent encore une vingtaine à terre, quand les premiers tombent dans la ruelle et sont obligés de venir se mettre à la file.

Ainsi des souvenirs, — des miens en particulier, — s'il s'en perd quelqu'un dans les halliers, ce ne sera qu'un dindon de moins.

Pourtant, les premiers huchés sont encore-là. Je n'oublierai jamais l'heure de mon arrivée, le vendredi 26 février.

Le convoi de Civita-Vecchia était en retard. Il était environ 9 heures quand nous arrivâmes à Rome. Nous attendîmes plus d'une heure, les pieds dans la boue, devant une gare provisoire, dit-on, la délivrance de nos bagages que nous reconnûmes à grand'peine dans une sorte de hangar malpropre et grave odorant. Patience et longueur de temps viennent à bout de tout ; les bagages sont chargés, l'omnibus de la Minerve part à fond de train, comme toutes les voitures publiques de Rome ; à la lueur d'un magnifique clair de lune, les Thermes de Dioclétien projettent leurs grandes ombres. Le portail de Sainte-Marie-de-la-Victoire se dessine derrière la fontaine de l'*Acqua Felice* dont l'affreux Moïse, vu au vol, évoque un souvenir de Michel-Ange.

Les quattre fontane apparaissent comme un rêve, le pavé du Quirinal résonne sous les pieds sonores des chevaux ; on se croit traîné par les coursiers de Phidias et de Praxitèle qui dessinent devant vous leurs gigantesques et magnifiques silhouettes, puis on s'enfonce brusquement dans la nuit, dans l'enfer et le dédale des rues sombres à la recherche de l'hôtel garni. La réalité est tombée sur le rêve comme la toile devant l'apothéose d'une féerie. Rome vous prépare d'autres enchantements et d'autres surprises, mais on ne retrouvera pas cette première impression.

Le lendemain, Rome est à vous, et les *Guides* vous sont ouverts. Je ne voudrais pas commencer par médire de ces *vademecum* incommodes, exacts assez souvent comme nomenclature, indispensables pour les points de repère et les plans, suffisants et insuffisants à la fois (presuntuosi é incapaci).

Prenons-les une bonne fois pour ce qu'ils sont, des *guides*, des chiens d'aveugles ; quand ils nous gêneront, nous les laisserons à la porte.

Quelque soit le soleil levant, Rome est brune, triste et grise le 27 février à 8 heures du matin ; le petit pavé, beaucoup moins désagréable d'ailleurs que le galet de nos villes du Midi de la France est glissant, gras ou non. Patinés par le temps, égratignés par le soleil, jaunis et hâlés comme des fruits murs, les vieux palais ont l'air de prisons ou d'immenses boulangeries moyen-âge avec leurs grilles ouvragées, gratinées dans une cangue de rouille et de poussière agglutinée dans l'oxyde; à l'intérieur des maisons, pas un mur blanc; les meubles sans housses sont rares et rutilants; les tentures bariolées ou sombres ont toutes des ramages rouges et extravagants. La manie des plafonds est poussée si loin que le plus chétif cabinet a son ciel en papier avec festons, astragales, caissons et couronnes. Le tout hurle, jure et vous entre dans les yeux comme le miroitement d'un kaléidoscope: tout cela, sous prétexte que le soleil mange le blanc. Évidemment Phébus a ici des rayons d'or et il traite les appartements comme les moissons, — ou plutôt, les bourgeois, saisis de la manie des arts marchent à tâtons sur les traces des grands seigneurs, et à défaut de Jean d'Udine ou de Raphaël, se font eux-mêmes des *Loggie* de papier peint; quel goût?

J'ai parlé de bourgeois; c'est l'élément qui me semble manquer ici. Rome a des palais un peu vides peut-être d'habitants, mais meublés de chefs-d'œuvre et peuplés de souvenirs; quelque soit leur propriétaire, ils restent palais et ne deviennent ni usines, ni magasins. Rome a des couvents dont les moins occupés sont devenus des casernes; mais les soldats de l'armée pontificale qui d'ailleurs ont fort bon air, sont des étrangers pour la plupart. Ils ne sortent pas de la bourgeoisie romaine et il ne la fonderont pas.

Rome a surtout des églises et des dignitaires de l'église; mais les basiliques ont leurs chapitres, les

églises appartiennent en général aux ordres religieux
et pour un prêtre séculier que vous voyez monter à
l'autel, il y a dix moines. Enfin il y a le peuple romain qui n'a guère d'industrie et ne semble pas dé-
voré de la fièvre du négoce et du désir de faire
fortune. Je ne sais où se recrute l'armée des servi-
teurs de grande et bonne mine que les dignitaires
et les seigneurs ont à leur service. Je présume qu'il
y a ici une race spéciale comme les ouvriers de
saint Pierre, qui se perpétue de père en fils et mo-
nopolise la livrée. En tout cas, je ne vois point de
tiers-état, et je ne soupçonne pas où il peut être.
Aussi, et c'est là que je voulais en venir, je ne vois
pas comment on pourrait faire à Rome une révolution constitutionnelle.

Il n'y a point ici de 89 possible, il manque de matière et de raison d'être; en remuant les passions populaires, on peut faire partout un 93 de quelques jours;
mais l'orgie ne dure pas, déshonore celui qui s'y
livre et compromet sa cause. Aussi la révolution
n'est point ici un prétexte à remaniement territorial,
ni un affranchissement du joug clérical. Ce sont des
leurres et il apparaît clairement qu'il s'agit ici pro-
prement et positivement d'une guerre de religion.

Ce n'est point au Pape souverain archipaternel
d'un petit état de famille qu'on en veut, c'est au chef
de la religion catholique ; la révolution est haïssable
sans doute, mais elle n'est pas aveugle; elle sait ce
qu'elle fait; elle se soucie comme d'une bagatelle

du pouvoir temporel et de la vigne de Naboth ; c'est à Naboth elle même qu'elle en veut. Comme Coligny et de Bèze en 1562, la libre pensée veut fouetter la messe, chasser le prêtre du temple, renverser les autels, en amusant les goujats au pillage des vases sacrés. Je n'ajoute pas que la révolution *ne se ferait ou ne se fera* pas au profit de la liberté, c'est un lieu commun ; hélas ! ce que je voulais seulement vous dire c'est que la simple vue de Rome et de la cité romaine révèlent plus clairement le but de la révolution et sa logique, que les blasphèmes Garibaldiens ou les aboiements de la réunion du Vieux-Chêne.

Pour accentuer davantage un côté de mes observations, je vous dirai que si la révolution a sa raison providentielle d'être, ses précédents humains, son explication, sinon son excuse, je ne sais pas où elle attaquera ici ses adversaires. En fait d'hypocrisie, l'habit est tout et personne ici ne rencontre Tartufe dans la rue. L'habit clérical est à Rome ample et digne : il est élégant et cossu. Je ne fais pas d'épigramme, je constate qu'en général les prêtres sont propres et soignés, plus qu'en France. Ils ont l'air de faire partie naturelle du public, ne regardant ni en l'air, ni à leurs pieds, ni de côté, mais droit devant eux. Dire qu'ils ont l'air franc, serait peut-être trop indulgent, pour un Normand jugeant des Italiens, mais ils ont le col droit sur les épaules et l'œil honnête quoique ouvert. Peut-être ont-ils

cet air que j'ai en vain cherché dans les physiono-
mies romaines de la rue, — l'air bourgeois.

Je me résume en disant que je ne crois pas le joug
clérical temporel pesant pour les Romains. Si mon
jugement paraît un peu tranché pour une conclu-
sion de première vue, je vous ai prévenu que je vous
dirais ma vérité, je vous la dis.

Avais-je déjà fait toutes ces réflexions, le samedi
27 février, en cherchant un gite? — Mon journal
note cette occupation comme la principale de la
journée et, de fait, elle peut bien vous faire perdre
un jour.

Rester à l'hôtel, est ce qu'il y a de plus commode
et de plus simple. Toutefois , c'est s'exposer à voir
Rome comme Montaigne entendait voir la messe,
par l'œil-de-bœuf d'une tribune incommode ou tran-
quillement assis dans son fauteuil, s'unissant de
temps en temps du bonnet et de l'intention aux diverses parties de l'office que lui pointait le cliquetis
d'une clochette.

Quels que soient les ennuis de la recherche d'un
logement et les mortifications de l'installation, il
faut les subir; mais on a bien dix lignes pour les
maudir. Par suite de l'absence de bourgeoisie déjà
signalée, les escaliers de Rome sont des monuments
de marbre ou des échelles de moulin plus ou moins
sales, plus ou moins gratinés par la boue des siè-
cles. Pour cent francs par mois, on vous offre une
chambre grande comme une église et une anti-

chambre haute comme une halle, le tout carrelé ou pavé. (Les parquets menacent de s'introduire à Rome, et j'ai vu des affiches de menuisiers qui en offraient aux amateurs). Savez-vous sous quelle ingénieuse métaphore ils désignent leur marchandise ? *lastrico, di legno* (pavé de bois).

Les novices qui s'offensent de la nudité et de la crudité de leur campement, se hasardent à demander des *tappetti* (tapis), on les accorde souvent aux pauvres oiseaux de passage, qui s'installent sur ces nids à poussière et à... comment nommer l'animal, sans offenser la pudeur française ? Ce n'est pas le tout de chercher la petite bête, il faut avoir recours aux moyens héroïques pour la chasser et aller dans la rue qui mène au théâtre Argentina acheter chez le *semplicista*, *una oncia di polvere per le pucce*. Tant pis ! comprenne qui voudra. L'italien est assez fils du latin pour braver l'honnêteté jusque là.

Point de cheminées. Il a gelé à Rome cet hiver à huit degrés. Les vitres sont brouillées tous les matins sous l'haleine de la tramontane, en ce moment (5-10 mars 1869). Le Soracte est gris, mais les montagnes de la Sabine sont couronnées de neige, et l'on aperçoit des taches blanches sur celles du Latium. La neige a floconné tout un jour (samedi 6 mars) sur les rues de Rome, comme au temps où le divin Flaccus chantait sa seconde ode en soufflant dans ses doigts... N'importe, on fait comme Horace :

Si Romæ sis, romano vivite modo. Sans feu, on ne s'enrhume pas; sans feu, on évite la flèvre, croyez-en un frileux, converti pour un moment, si converti qu'il tourne au fanatisme et qu'il déclare les *Oræce* superflus.

Ab Jove principium. J'ai passé toute la journée du dimanche 28 février à saint Pierre. J'y suis retourné plusieurs fois, j'y ai fait de longues séances et si je ne le sais par cœur, je puis au moins résumer mes impressions d'après l'examen du tout.

> Si vis patronum quærere
> Si vis potentem vindicem
> Quid jam moraris? invoca
> Apostolorum principem.

> Si tu veux un patron, passant,
> Ne cherche pas parmi les autres,
> Invoque et prends le plus puissant
> Pierre, le prince des Apôtres.

Ce n'est pas pour vous, ni pour aucun de vos lecteurs que je traduis à ma façon, ce début de la prière indulgencière accrochée à la balustrade de la confession, — nous savons tous le latin, — c'est pour ma propre satisfaction et parce que je trouve la strophe latine charmante de simplicité et plus particulièrement imprégnée de ce *parfum de Rome* que chacun flaire à sa façon et que je ne saurais qualifier plus exactement suivant ma pensée qu'en l'appelant de *l'encens familier.*

L'encens familier, — c'est bien celui qui s'exhale
de tous les encensoirs de la ville sainte. Harassé,
ébloui, écrasé du poids des colonnes, de la masse
des piliers, ahuri des dislocations du Bernin, la cer-
velle en danse le *cou tordu*, les jambes avinées par
l'ivresse de la curiosité, je m'étais laissé aller sur un
banc au milieu de l'espace où les confesseurs des
diverses nations attendent leurs compatriotes et
distribuent des indulgences avec l'ancienne baguette
d'affranchissement des préteurs romains.

La fatigue surpassait le plaisir et j'étais comme
engourdi dans la digestion pénible d'une satiété mo-
numentale, quand une musique lointaine qui semblait sortir des profondeurs de l'édifice vint me tirer
de ma léthargie ; sous l'impression d'un charme inconnu, je me dirigeai vers la mélodie. C'étaient les
vêpres du chapitre de Saint-Pierre, chantées en musique dans la chapelle du chœur. Les chanoines
étaient dans leurs stalles, les dignitaires inférieurs
échelonnés *secundum ordinem*, les officiants sur
leurs tabourets, le public, hommes, femmes, peuple,
curieux, étrangers, indigènes était assis un peu dans
tous les sens, ou debout, pêle-mêle, tournant son
oreille à la tribune où chantaient les virtuoses de la
chapelle. Nul bruit, nulle causerie, nul laisser-aller
indécent dans la foule qui se tenait, non pas peut-
être comme dans une église Janséniste, mais à coup
sûr comme dans un salon de bonne compagnie.

Les exécutants de la tribune venaient tour à tour

sur le devant, suivant les exigences des solo, des duo
ou des morceaux d'ensemble ; parfois le célébrant
intimait une antienne ou lisait une oraison avec
l'absence la plus complète de prétentions. Les chantres en chappe entonnaient les psaumes d'une voix
nasillarde, et le dirai-je? chantaient faux sans en
paraître humiliés, donnant leurs fruits comme arbres naturels et non greffés. Puis, la vraie musique
partait comme un feu d'artifice, une musique italienne pure et dorée comme de l'orvieto vierge ; ce
n'étaient que fuges et fusées, roulades et appogiatures.

Un ténor aigu, *in nigris*, s'appuyait sur la balustrade en se jouant des floritures et des jongleries
de gosier les plus brillantes ; un vieux *soprano*, en
habit de clerc, frais rasé, lançait des notes aigües et
précises comme celles d'un fifre. Le *basso cantante*,
vêtu d'une sorte de surplis en guipure plus court
qu'un gilet, orné d'une paire de favoris noirs magnifique surpassait le ténor et le soprano en agilité, en
sûreté d'intonation, en brio d'exécution ; une voix
superbe, une éducation consommée, mais dans tout
cela nul effort, nulle pose, nulle vanité d'acteur.

Jamais musique ne m'a causé de sensations plus
délicieuses. J'avais oublié ma fatigue, l'oreille avait
guéri l'œil. Debout contre la grille, je buvais la mélodie et mes jambes l'auraient suivie au bout du
monde sans fatigue. Jamais je n'oublierai certain *gloria patri* fugué, clair, brillant, *l'ange au corps*, mais

un ange leste comme un diablotin et cent fois plus joli. Je crois que j'entendais le bruit de ses ailes et le *fecit mihi magna* du *magnificat*. Ai-je pleuré? Je crois que oui. J'ai la fibre héroïque sensible et la basse a si bien chanté tout, et rien que tout!

A la fin du *Magnificat*, un officiant est allé encencer les dignitaires. Avec quelle précision et quelle simplicité! Quatre coups secs pour les chanoines, un seul pour chaque aumusse grise; du bout du banc, un seul coup d'encensoir pour le banc inférieur; à chacun sa part tout entière, exacte, mais rien que sa part; pour les grands comme pour les petits, l'encens et le salut d'étiquette; mais pas de courbette, de petitesse, pas de génuflexion de luxe, surtout pas d'embarras, ni chez celui qui reçoit, ni de la part de celui qui donne.

Vous ai-je fait comprendre ce que j'entends par l'encens familier? J'en ai retrouvé ailleurs le parfum tout entier, cette fois plus près de moi et plus sensible encore peut-être.

Saint-Marc est une petite église accolée au palais de Venise (aujourd'hui l'ambassade d'Autriche). Les guides y indiquent un tombeau de Canova et des peintures sans intérêt. Ils signalent tout au plus l'*Opus Alexandrinum* des mosaïques. Laissons le guide à la porte, sur la Junon colossale, et entrons.

(Lundi 1er mars.) Le petit temple est en fête. Un orgue un peu nasillard, avec des notes de clavecin, verse comme du goulot d'une *fiaschetto* le vin doré et pailleté de ses mélodies ; l'encens fume, les reliques, enchâssées dans l'or et dans les pierreries, scintillent comme des bijoux. Les officiants, en chappes élégantes, portées sans emphase et sans embarras rendent aux châsses étincelantes l'honneur qui leur est dû. Les morts, couchés sur leurs tombeaux, debout ou accoudés dans leurs belles statues de marbre blanc, ont l'air joyeux ; les squelettes et les têtes de morts même ne peuvent parvenir à grimacer. Le bon Dieu est ici, c'est sa maison ; les saints y habitent comme chez eux, les morts non canonisés s'y sentent à l'aise. Et nous, les vivants, nous sommes aussi de la famille. — Se scandalise qui voudra, j'avoue qu'il y a dans l'*encens familier* un charme indicible et inconnu, et je m'imagine qu'il n'est pas moins agréable au père parce qu'il est goûté par les enfants.

Saint-Pierre, dit-on, ne fait pas à première vue l'effet grandiose que l'on attend. Je ne sais, mais l'effet intérieur du narthex est unique. Peut-être les voyageurs, stupéfaits du portique, n'ont-ils plus d'étonnement pour l'édifice lui-même. Pour moi, je trouve Saint-Pierre supérieur à l'idée préconçue et surtout entièrement différent de l'idéal d'un homme du Nord, quelque bien averti qu'il soit. C'est la salle des Pas-Perdus de l'univers chrétien et le détail y tient si peu de place que le Bernin y est à son aise et y perd son emphase. Sauf le premier docteur à gauche, la *Cathedra Petri* semble faire naturelle-

ment partie du gigantesque édifice. L'admirable
tombeau de Paul III fait seul penser à la pompe em-
poulée de son pendant, celui d'Urbain VIII, et il
faut encore le souvenir de Michel-Ange pour aider
Guillaume della Porta à écraser le Bernin. Sauf le
squelette ridicule, le tombeau d'Alexandre VII passe,
drapé dans son linceul de marbre bigarré ; si les
artistes trouvent les tombeaux des Pallanjuolo, les
touristes passent devant, sans regarder, et n'aper-
çoivent même pas le monument d'Innocent VIII,
bijou perdu. On comprend la jalousie du Cavalier
envers le Saint-André de Du Quesnoy, qui a pourtant
si violemment enflé les poumons-flamands pour
souffler cette grosse machine. Saint-Pierre est tout
dans l'ensemble, — si beau que, la coupole défigu-
rée, le portique plaqué, la colonnade rapportée, n'ont
pu lui ôter son caractère.

Encore une fois, Saint-Pierre n'a pas de détails.

L'admirable *pietà* de Michel-Ange y est comme éga-
rée. Sans le nom de l'auteur, personne n'y penserait
et, malgré son renom, presque tout le monde la dé-
daigne. C'est toutefois, avec le christ de *Santa Maria Sopra Minerva*, un échantillon précieux de la
manière florentine du jeune Buonarotti ; c'est aussi
florentin que Donatello ou Benvenuto et bien plus
fort. Par quel caprice l'artiste a-t-il placé sur les
genoux d'une femme jeune et d'un admirable visage
le cadavre d'un éphèbe de 15 à 16 ans, et a-t-il
songé à en faire le Christ mort et la Vierge Marie ?

Je n'en sais rien. Ce qui m'apparaît, c'est la vérité, la réalité élégante de ce groupe, dans la composition duquel l'artiste s'est assez inspiré de la nature pour écarter les genoux de la mère qui supporte réellement le corps du fils; c'est la suprême distinction de ce cadavre, tellement mort pour tous, que la flaccidité des muscles de l'aisselle cache l'attache de l'épaule. Vérité sans trivialité, accent où il doit être, dût-on trouver son accent grave au lieu d'un accent aigu, — là est tout l'art.

Canova aussi est perdu dans la basilique et les fameux lions du tombeau de Clément XIII vivent sur leur réputation, bien que celui de droite soit une belle chose. Thornwaldsen y est froid comme pierre et les peintures à l'huile y semblent des images; en revanche les mosaïques y font merveilles, et je ne saurais dire que le Dominiquin n'y prime pas Raphaël. (Patience ! les Stanze sont à deux escaliers d'ici, à droite, au Vatican).

Qu'eût été le saint Pierre du Bramante? la Croix latine de Raphaël? le Monument de Michel-Ange, sans les retouches et les floritures du Bernin? — Michel-Ange aurait fait une Iliade de Pierre, Raphaël une Enéide... Des poëmes épiques sans épisodes. Bernin et Carlo Maderno ont introduit le drame dans la tragédie et je ne sais pas si Saint-Pierre a gagné ou perdu à être plus près de Shakespeare que de Corneille ou de Racine.

Vous connaissez ma manie patriotique, — cher-

cher partout les Normands. Je n'ai pas manqué d'en
faire la chasse à Rome. A vrai dire, ils ne sont guère
dans Saint-Pierre ; une seule mosaïque d'après un
tableau étrange et hors manière de notre Poussin,
dans l'aile occupée par les échaffaudages du Concile
rappelle notre grand peintre. Notre bonne comtesse
Mathilde (comment un Argentenais ne la dirait-il pas
sienne ?), a son tombeau du Bernin, ni pire ni meilleur qu'un autre.

J'ai cherché à Rome des souvenirs de Robert Guis-
card ; je n'y ai trouvé que des rancunes éparses dans
les guides et dans les traditions des *ciceroni*. Ici et
là sur le *Cœlius* et ses versants, il n'était question que de ravages et d'églises rebâties. Soyez donc
un héros, dérangez quelques pierres pour sauver un
grand homme. Ne pouvait-on faire l'omelette sans
casser les œufs, restaurer Hildebrand sans abattre
des églises ? Si notre Guillaume a mis l'Angleterre à
sac, il s'est empressé de la couvrir de monastères et
de cathédrales. *Détruise qui voudra, je bâtirai*, est
une devise que je recommande aux héros et aux
conquérants, ceux qui disent : *bâtisse qui voudra,
je détruis*, sont trahis et jugés par leurs ruines.

Une étude sans contredit intéressante et neuve si
l'archéologue se renfermait strictement dans sa spé-
cialité, serait celle des humbles monuments du
moyen-âge, épars au milieu des pompes et des fastes
tumulaires qui font de quelques églises des carrières
de marbre. Tout le monde connaît et les guides si-

gnalent l'admirable pierre sépulcrale de Fra Angelico da Fierole à Santa Maria Soprà Minerva. Elle a bien des pareilles en beauté, en simplicité, en sentiment. L'*Ara Cœli* est parée de ces pierres tombales. Le Panthéon en a deux ou trois admirables. On en trouve partout avec de curieuses et instructives épithaphes, jusqu'à Saint Etienne le Rond, où le mort couché dans sa tombe avertit le passant de ne pas s'étonner s'il repose en terre étrangère. Rome n'est-elle pas une patrie commune où tous les chrétiens sont chez eux ? Je recommande à ceux que séduirait l'étude dont je parle, le tombeau du cardinal Cusanus, dans S° Pietro in Vincoli, tant d'autres qu'ils découvriront sans doute mieux que moi et qu'ils jugeront avec plus de science, sinon avec plus d'admiration et de bonne volonté. Je ne puis pourtant m'empêcher de signaler d'une façon toute particulière le délicieux bas-relief de Saint Léon et Saint Jean l'Evangéliste que l'on voit à gauche du chœur, à Saint Jean de Latran. Les moins exercés distingueront facilement ce qui est ancien de ce qui est ajouté.

Le chapitre dont j'indique l'argument aux érudits pourrait, ce me semble s'intituler : *La Sculpture de sentiment à Rome.* Ce serait un chapitre curieux de l'art chrétien. Ne pas oublier surtout le côté décoratif. Il y a des encadrements imprévus et charmants, des fleurs et des guirlandes ravissantes sans confusion et sans profusion. Remonter aussi haut que l'on pourra. Ne pas oublier le sarcophage de la petite chapelle Sainte Lucie à Sainte Marie Majeure et un autre à peu près semblable dans le transept gauche de l'Ara Cœli ; que l'on me pardonne d'indiquer en courant des choses trop connues. Soyez persuadé que mon chapitre n'est pas fait et qu'il reste beaucoup à glaner, sinon à moissonner.

Je ne l'enrichirai pas d'une trouvaille, je finirai l'indication du sommaire par ces deux vers de l'épitaphe du Fra Angelico :

> Non mihi sit laudi quod eram velut alter Apelles,
> Sed quod lubra tuis omnia Christe dabam.

C'est une redite. Mais elle pourrait lui servir d'épigraphe.

Tout à vous,

Gustave LE VAVASSEUR.

Voir les catacombes de Rome est un des vœux classiques du touriste le plus indifférent. Ici la science et le sentiment, la curiosité et la dévotion, l'enquête et le pèlerinage se donnent la main. Après une descente aux souterrains de Sainte Agnès ou de Saint Callixte, on garde longtemps le souvenir de la leçon d'iconographie chrétienne qui vous a été donnée. Les obscurités symboliques voilent du charme d'un gracieux mystère, sans les cacher, les croyances des premiers chrétiens qui sont aussi les nôtres. On se sent à l'aise jusqu'à un certain point de ne pas évoquer un seul souvenir classique. On se range à l'avis du P. Marchi et l'on n'aperçoit dans cette terre sainte, ni un coup de pic, ni un coup de ciseau payen. Aussi, lorsque en retour, on descend par tradition dans le tombeau des Scipions, on reste froid en parcourant le sépulcre vide qui n'a jamais renfermé les os du grand Scipion l'Africain, et sans regretter autrement le grand sarcophage de ce Scipion Barbatus que l'on a transporté au Vatican ; on lit avec indifférence les pompeuses et mensongères épitaphes des descendants dégénérés des héros.

La fête par excellence de l'artiste et de l'archéologue chrétien est la visite des basiliques souterraines de Saint Clément. Là, sont de véritables trésors, palpables à l'œil nu du simple visiteur intelligent. Ce ne sont plus des hiéroglyphes que déchiffre la lorgnette du maître et dont les disciples acceptent toujours un peu de confiance l'ingénieuse explication. Les reproductions photographiques ne donnent que très-imparfaitement l'idée des deux grandes fresques de Saint Alexis et du miracle de Saint Clément. Seuls, les vers léonins barbares sentent le VI-VIIe siècle et rappellent ces temps mérovingiens où Sigebert et Caribert se piquaient de littérature, où le tyran Chilpéric faisait accepter ses fautes de quantité par ses courtisans, à la barbe de Venantius Fortunat. Chantre romain de Brunehilde, de Radegonde et d'Agnès, porte-lyre Apollonien, que faisais-tu à la cour des barbares, pendant que le barbarisme envahissait la capitale de Virgile et d'Horace ? — et pourtant Chilpéric n'est pas exécré de la postérité pour avoir fait des vers léonins et des vers faux. Sa rude poésie de franc insoumis avait peut-être des charmes primesautiers et naïfs, que n'ont pas souvent les amplifications de Fortunat et le vieux moine qui a rocailleusement rimé les inscriptions de Saint Clément a mieux fait et est plus là qu'un poëte du temps d'Auguste et surtout que pas un Vida ou un Bembo de la Renaissance.

La naïveté plaît bien davantage à certains blasés quand elle est habillée de vêtements grossiers, — voire de haillons. Le véritable goût consiste à l'accepter telle qu'elle est, à ne pas lui chicaner la rudesse de l'étoffe et à en excuser la rudesse. Mais l'intérêt littéraire des inscriptions est ici tout à fait secondaire ; l'œil de l'archéologue et de l'artiste se rassasie à longs regards de ce style bysantin un peu raide, qui n'est plus le grand style antique, quoiqu'il s'en souvienne à propos, et qui prouve qu'il aurait peut-être pu se passer, pour la plus grande gloire de Dieu, la complète édification des chrétiens, et même leur satisfaction artistique du secours brutal et payen que lui donnèrent à si grand fracas les grands classiques de la Renaissance et surtout leurs disciples dégénérés. Pour exprimer toute ma pensée, j'admets la chapelle Sixtine, telle qu'elle sortit du cerveau de Jupiter Michel-Ange ; je ne me scandalise même pas de la chapelle Chigi de Raphaël à Sainte Marie du Peuple. Le génie a ses licences et Léon X était un plus grand homme et un plus grand pape à lui tout seul que tous les iconoclastes du monde. Mais à l'académie, au style, il faut le génie qui comprend intrinsèquement le sentiment. Les maîtres enveloppaient la foi dans la forme; les disciples cherchent en vain à tourmenter la forme, pour dissimuler l'absence de la foi, ou l'impossibilité de l'ex-

primer d'une façon compliquée. Les naïfs ont une
place, sinon la première, dans une église ; les roués
n'en ont aucune.

Nous voici bien loin des fresques souterraines de
Saint Clément et cependant c'est à propos d'elles
et devant elles que me sont venues ces réflexions.
Si les grandes fresques de Saint Alexis et du miracle
de Saint Clément ne sont pas des chefs-d'œuvre de
style et de modèle, l'ornementation de leur encadre-
ment, surtout de celle de Saint Alexis où le dessin
d'ornement est plus visible, est d'une grâce et d'une
science relatives que je ne sache pas avoir jamais été
surpassées. Il y a certain groupe dans une fresque
malheureusement un peu fruste, représentant un
crucifiement, dont le style égale Pintarrichio ou
Masaccio, et on peut se contenter de moins que Pintarrichio ou Masaccio dans une église. J'en appelle à
tous ceux qui ont vu baignées, noyées même dans
l'or, encadrées dans le marbre et le porphyre, les
vieilles mosaïques des Basiliques romaines.

Et puis comme les Romains savent restaurer et
mettre les ruines en scène ! Le moindre morceau
curieux a sa place contre le mur et il y adhère par
ce fameux ciment dont les éléments ni le secret ne
sont perdus et à l'aide duquel les fragments de marbre collés aux parois forment encore lambris dans
les Thermes de Caracalla ; colonnes et fragments de
colonnes sont pittoresquement enchâssés dans leurs
niches, conservés dans leur patine et brossés tout

juste par quelque coin pour faire voir le précieux de
la matière et le fini de la mise en œuvre. Rien n'est
rajeuni, rien n'est repiqué, Dieu merci ! mais comme
tout est rangé, mis en ordre et en valeur ; un nu-
mismate ne met pas plus de soin à disposer son me-
daillier ; un joaillier plus de coquetterie à dresser son
étalage.

Il n'y a plus à Rome de Barbares et s'il reste des
Barberini, ils ont fait leur éducation.

Les souterrains dans lesquels on descend dans le
couvent des Passionnistes qui desservent l'église de
Saints Jean et Paul, bien que n'éveillant que de loin
des souvenirs chrétiens sont amis des plus curieux.
Là sont les antres des bêtes fauves qu'on égorgeait
dans le Colysée ou qu'on y amenait pour dévorer les
victimes.

Quelle greffe que la religion chrétienne ! mais quel
sauvageon que cet empire romain !

Si les cryptes de Saint Clément n'éveillent que des
souvenirs purement chrétiens, il n'en est pas de
même du plus terrible et du plus ancien souterrain
de Rome, la prison Mamertine. Saint Pierre a été
souffleté à l'étage supérieur et est demeuré neuf
mois dans le Tullianum. J'ai bu de l'eau de la source
lustrale qui a baptisé Processus et tout en la buvant,
il me montait à l'esprit je ne sais quelle rancune
contre cet Ancus Martius à la légende obscure, qui
fit creuser cette prison et que notre *De Viris* nous
présentait jadis, d'après Lucrèce et Virgile, comme

le modèle des rois débonnaires. Je me souvenais de
Jugurtha, mort de faim, des complices de Catilina,
que le mielleux Cicéron y fit étrangler et je ne sais
si je n'allais pas prendre en pitié cet horrible Séjan,
si méchamment mis à mort par Tibère, quand la
grande ombre de Vercingétorix s'est dressée plus
haut peut-être que les autres souvenirs. Saint Pierre
a remonté vivant l'escalier ou le soupirail ; le corps de
Vercingétorix égorgé a été tiré par les infâmes crocs
des suppliciés à travers le trou des Gémonies. Trois
fois lâche César ! lâche, d'avoir attelé à son char de
triomphe un ennemi rendu ; lâche d'avoir égorgé un
ennemi vaincu ; lâche lorsqu'il descendit à genoux
quelques instants après l'escalier du temple de Jupiter Capitolin ; simplement lâche s'il se moquait du
peuple et ne croyait pas en Dieu ; trois fois lâche,
s'il ménageait le peuple dont il voulait se servir et le
Dieu dont il doutait.

Pauvre tyran pourtant, qui se grisa comme un autre du pouvoir absolu, but à la coupe enivrante de
l'apothéos et s'en alla mourir en montant à rebours
la voie triomphale.

Ampère à la main, je l'ai fait un matin, de mon
mieux, ce classique chemin de la croix de César. J'ai
pu, comme bien d'autres, mettre parfois mes pieds
à la place des pas des porteurs de sa litière. J'ai vu,
debout encore et attestant par la grandeur de leurs
ruines, la grandeur de la tyrannie de ceux qui les
avaient élevés, les portiques, les arcs de triomphe

et les colonnes de ses successeurs. Si je me suis
peut-être un peu trompé de route dans le *Vicus
Tuscus*, je suis arrivé à cette curie de Pompée où
l'attendait Brutus, — Brutus, qui n'eut pas le courage de porter à César le premier coup et qui laissa
Cimber et Casca commencer la besogne en vils si-
caires. J'ai vu au palais Spada, dans un vestibule,
cette statue de Pompée aux pieds de laquelle tomba
César, et je me suis sans peine habitué à considérer
la fameuse tache rouge du genou comme une relique sanglante.

A trente pas au N.-O. de la curie de Pompée est la
chancellerie, sur les marches de laquelle Rossi fut
assassiné le 15 novembre 1848. Son modeste marbre, médiocrement ressemblant, est dans l'église
San Lorenzo in Damaso. L'épitaphe n'est pas pom-
peuse, mais le souvenir n'en est que plus terrible à
l'esprit du visiteur intelligent.

César et Rossi! On a voulu les rapprocher dans
l'anathème et dans la justification du meurtre pour
les besoins de la cause révolutionnaire; on s'est plu
à identifier le théâtre de leur mort, déjà rapproché
par le hasard. Quoiqu'il en soit, la même leçon res-
sort de leur trépas sanglant.

On est tenté de jeter une couronne sur la tombe
de Rossi et l'on se sent même pris d'une sorte
de tendresse respective pour cet odieux et ignoble
César.

N'éprouve-t-on pas je ne sais quelle pitié, moins

sympathique peut-être, mais plus humaine, pour les
victimes politiques que pour les martyrs eux-mêmes? Le tyran. qui tue au nom de son faux dieu
déshonore et tache la chimère qu'il croit affirmer
brutalement; le fanatique qui frappe en croyant
frayer le chemin de la liberté, la poignarde et tue sa
mère..

On rencontre fréquemment sur les promenades de
Rome, et principalement à la villa Borghèse, des
escouades d'étudiants, ecclésiastiques et laïques.
La bizarrerie et surtout la couleur de leur costume
les fait aisément reconnaître. Le collége germanique
défile, en soutanes rouges, comme une pépinière de
cardinaux. Les orphelins sont blancs, et les jeunes
nobles, en habit noir et chapeau rond, abrités sous
un crispin demi-long, visent au décorum précoce et
au port sérieux de l'habit de ville. J'ai souvent songé,
en les voyant passer les uns ou les autres, que
c'étaient là les écoliers les plus privilégiés du monde.
Comme d'autres peuvent contempler la nature,
ceux-ci voient l'histoire et peuvent lire dans ce
grand livre toujours ouvert. Du haut du Janicule où
du Pincio, même du Testaccio cher au grand Poussin, s'ils sont artistes, ils peuvent voir devant eux
se dérouler l'histoire, dégager l'ancienne Rome de
la nouvelle. Quel attrait! quel enseignement facilement donné, avidement reçu, retenu de force par la
contemplation forcée du lieu de l'action. Depuis
quelques années, nous avons en France la manie

des conférences et, pour ne pas parler des méchan-
tes, que d'oiseuses paroles ont été jetées au vent et
semées sur le grand chemin, sans plaisir et sans
profit! Pourquoi le prédicateur ou le professeur ne
prend-il pas son texte dans le sol qu'il foule? Elo-
quent ou non, il sera écouté.

Et, puisque nous sommes à Rome, laissez-moi
vous citer un sonnet qui me revient à ce sujet. Il est
de Jacques Grévin, de Clermont, l'ami, puis l'ennemi de Ronsard. qui, mort à 28 ans, huguenot,
avait séjourné à Rome et en avait rapporté une botte
de sonnets à effrayer Pétrarque.

> Arrivé dedans Rome, en Rome je cherchais
> Rome, qui fut jadis la merveille du monde;
> Puis, voyant cette Rome à nulle autre seconde,
> D'avoir perdu mes pas, honteux je me fâchais.
>
> Du matin jusqu'au soir, çà et là je marchais,
> Ores au Colysée, ores à la Rotonde,
> Ores monté trop haut, regardant à la ronde,
> De voir la grande Rome en Rome je tâchais.
>
> Mais enfin, je connus que c'était grand'folie,
> Car Rome est dès long-temps en Rome ensevelie,
> Et Rome n'est sinon qu'un sépulcre apparent,
>
> Qui va donc dedans Rome, et cherche de la sorte,
> Ressemble au chevaucheur qui va toujours courant
> Et cherche en tous endroits le cheval qui le porte.

Notre cheval, fût-il le coursier de Marc-Aurèle
ou le cheval de César, qu'on avait défiguré en met-

tant des pieds d'homme au chef-dœuvre de Praxitèle, il faut en descendre pour se promener dans la
rue et partir à pied, *sermone pedestri*.

En ce moment-ci, la rue est littéralement pleine
d'étrangers, frais rasés, lestes et conquérants, le
petit chapeau sur le nez, le guide à la main, le pliant
sous le bras, acccompagnés de deux ou trois femmes
longues, un peu encombrées de châles et de
lorgnons. Les uns vont droit aux bons endroits,
n'usant leurs semelles qu'à bon escient et n'allant à
pied que devant les points de vue ou la façade des
palais. Ils s'orientent comme des boussoles, connaissent les portes où l'on sonne et heurtent à celles
où l'on frappe. Je ne sais s'ils portent et consom-
ment avec eux leurs provisions de bouche et s'ils
lunchent dans les églises. Je l'ai ouï dire; mais, sans
le nier absolument, je dis ma vérité, —je ne l'ai pas
vu. Par exemple, j'ai vu une dame d'un vénerable
aspect, qui devait avoir la longue expérience des
choses, qui, pour éviter le torticolis, regardait tran-
quillement le plafond de la Farnésine dans un petit
miroir de poche qu'elle tenait à la main. Peut-être
voyait-elle mieux que nous ce qu'elle voulait voir;
ceux qui ont eu un vrai torticolis sont plus portés à
l'imiter qu'à rire d'elle.

Elle appartient, comme tous ceux dont je viens de
parler, au genre anglo-américain, espèce voyageuse
par excellence, oiseaux de passage qui savent comment on tourne son aile au vent et comment

on fait un lit provisoire. Ils connaissent les bons
hôtels, les bons coins, les bons morceaux, les
heures favorables, et ils usent de tout cela. Ils ont
raison et eux seuls savent voyager. Ils n'ignorent
pas le prix des choses. Ils savent qu'on les rançonne
et ils paient. Ils estiment qu'une contrariété est plus
désagréable que la perte d'une piécette, et qu'une
faveur ou une heure de bien-être, même relatif, va-
lent bien la grosse pièce. Ils partent de chez eux en
se proposant d'amasser une certaine somme de
science, tout en cueillant un nombre prévu de dis-
tractions. Commercialement parlant, leur intelligence et leur santé font généralement une bonne
affaire. Ils ne s'accrochent point aux petites pertes
et au détail des mauvais jours; ils font résolûment
la balance du total au doit et avoir.

Signe particulier : ils voyagent toujours, mais ne
flânent jamais. A côté de ceux-ci, qui sont les vrais
types de la race nomade, on rencontre une autre
espèce de voyageurs, race toute neuve et qui sera
toujours novice, c'est le bourgeois français, spécia-
lement représenté dans sa quintescence et dans sa
pureté par le bourgeois de Paris. M. Louis Veuillot
s'en est moqué à Paris et à Rome; je le lui abandonne à Paris, mais à Rome je suis forcé d'admirer
mon bourgeois qui, ayant quelques sous de poche à
dépenser pour son plaisir et celui de sa femme,
prend un billet de voyage circulaire pour l'Italie et
aboutit à Rome. Etant donné le milieu intellectuel

banal et sceptique dans lequel il a toujours vécu,
entre un couplet de Vaudeville et une polissonne-
rie du Figaro, j'estime qu'il faut une intelligence
d'élite pour crever la toile de fond de l'apothéose
des Funambules et venir à Rome, fût-ce un melon
sous un bras, sa femme sous l'autre, comme jadis
M. Prudhomme aux Près-Saint-Gervais. Mon bourgeois est donc le plus intelligent de son espèce. Il a
pu souscrire à la statue de Voltaire, mais ce diable
de Voltaire avait tant d'esprit! C'est à l'homme d'esprit et peut-être à l'auteur tragique qu'il a porté ses
dix sous et non au traditionnel mangeur de prêtres.
Prudhomme proclame qu'il faut une religion pour le
peuple, mais il croit bien un peu au bon Dieu populaire et je le crois aussi superstitieux qu'un romain
qui met à la loterie.

Mais ce n'est point pour faire un petit cours de
crédulité comparée qu'il est venu dans la ville éternelle, c'est pour voir, et pour avoir vu. Il est là,
comme à la foire des Loges, à St-Germain-en-Laye,
les mains dans ses poches, cherchant les boutiques
pour flâner devant et se cassant le nez devant des
portes de prison, bayant aux prédicateurs en plein
vent qu'il prend pour des saltimbanques, trouvant
volontiers que Saint-Jean-de-Latran a l'air d'un
Vauxhale et Saint-Paul hors les murs d'un Al-ca-zar,
se taisant mal à propos et bavardant sans relâche à
ses heures, se heurtant surtout aux mille petits détails de la vie, matamorisant à faux, criant qu'on

l'écorche quand on l'égratigne, mettant son amour-propre à ne point être volé d'un sou, et s'obstinant à gratifier les cochers et les garçons de pourboires inutiles.

Une chose le dépite singulièrement et le pique en particulier ; notre bourgeois en flâneur incurable va toujours à pied et ne prend jamais de voitures, utiles ou inutiles ; il va sans se tromper de la porte du peuple à l'hôtel Doria. Il traverse triomphalement Rome de la Trinité-du-Mont à Ripetta. Après deux jours d'études, il parvient à faire à propos le crochet nécessaire et il aboutit au pont Saint-Ange sans se perdre plus d'une fois sur trois. Mais, hors de là, il n'est mémoire de tête, ou expérience de pieds qui lui serve ; il va, vient, tourne, retourne, fait des crochets pour revenir au gîte, comme un lièvre en détresse et finit toujours par se perdre et se perdre sans profit le plus souvent par le même chemin.

J'en ai rencontré de mes bien-aimés compatriotes s'enfonçant furieusement dans des ruelles suspectes et cherchant un prétexte vis-à-vis d'eux-mêmes et des absents pour rebrousser chemin ; je les ai suivis, harassés et crottés et si j'ai bien mis les paroles sous leur pantomime expressive, que j'en ai surpris qui grommelaient : Quand donc Haussmannisera-t-on Rome ?

C'est une grave question qui doit-être venue à l'esprit de plus d'un niveleur et de plus d'un arrangeur ; dégager les édifices profanes et sacrés, abattre

toutes les maisons particulières sans cachet, retrou-
ver le niveau de l'ancienne ville et mettre les palais
et les églises monumentales au 2° ou au 3° étage,
où elles seraient comme poupée en montre ou
joujoux sur piédestal; niveler les collines rebelles,
peupler les espaces vagues, faire un square du
Forum, ou, je n'ose aller plus loin, — quel rêve et
qui sait s'il n'est pas en germe et si nous ne le verrons pas s'accomplir.

Une seule chose gardera Rome du vandalisme des
restaurateurs cent fois plus inintelligent dans sa
cauteleuse façon d'embellir que la brutalité des
iconoclastes; et qui sait s'il ne s'accomplira pas. Une
seule chose en restera peut-être, — Un grain de
sable, — moins que cela, — une bulle de savon, —
la légende.

A chaque coin de rue, quasi, à chaque numéro de
maison, on rencontre à Rome une chapelle, une
colonne qu'on ne peut détruire, et sur le corps de
laquelle on ne peut passer sans détruire ou écorner
une légende.

Ici saint Paul a demeuré; là saint Marcel s'est vu
condamner à garder les bêtes féroces. Cette ruine
fleurie est-elle la maison de Rienzi? — Qu'importe,
elle garde une inscription de Pétrarque. Cette vieille
arcade fut la maison de Raphaël; ces colonnes du
marché aux poissons faisaient partie du portique
d'Octavie. A cet arc sombre près de la synagogue,
s'attache le sombre et fatal souvenir de Béatrice

Cemi, cent fois plus dramatique que cette obscure Lucrezia Borgia dont la galerie Doria garde une si plantureuse image. Je m'arrête, je ne puis soulever un pavé sans remuer un souvenir. Laissons en paix les morts célèbres, les leçons qui s'échappent de leur tombe sont salutaires aux vivants, et je désire qu'elles leur profitent, dussé-je moi-même les expliquer à M. Prudhomme, dont je suis, comme de vous, ami lecteur,

Le tout dévoué serviteur.

Gustave Le Vavasseur.

Rome, le 26 mars 1869.

III

AVANT de vous faire part de mes impressions artistiques, j'ai voulu terminer consciencieusement la visite de premier de l'an que j'ai faite aux galeries, églises et musées. Ici comme ailleurs, il faut peut-être s'en tenir à sa première impression; c'est la bonne, fût-elle contestable, elle est vôtre, et l'on y revient comme le lièvre au gîte.

Les richesses artistiques de l'Italie ne sont pas toutes à Rome; Naples a ses statues et les fouilles de Pompéi; Florence et Pise, Parme et Venise ont leurs spécialités et leurs écoles.

Rome n'a pas même des échantillons de tous les peintres célèbres; toutefois on y peut étudier trois sommets, l'art antique, Michel-Ange, Raphaël.

L'art antique est représenté au Vatican et au Capitole par trois ou quatre chefs-d'œuvre, éternellement vantés, étudiés, copiés et reproduits. Le Vatican a l'Apollon du Belvédère, le Laocoon, des Antinoüs, le torse d'Hercule, des copies de l'Apollon de Praxitèle et du Discobole de Miron au milieu d'une

quantité innombrable de statues nues ou drapées
et d'échantillons précieux de toute sorte de l'art
antique. Le Capitole a sa Vénus et le Gladiateur
mourant. Comme le Vatican, il a ses héros et
ses empereurs, statues équestres, académies et bustes. Dans ces deux importants musées, chacun peut
choisir suivant son goût et savourer les plus douces
jouissances de l'art, suivant son penchant à l'admiration académique ou à l'admiration sentimentale. Il
ne faut pas se faire illusion ; bien que la sculpture
de sentiment sente la décadence, et qu'il soit peut-
être impossible à un sculpteur d'attendrir ou d'inté-
resser sans faire de concessions académiques, — in-
téresser et toucher a toujours été le but le plus
ardemment poursuivi des plus grands génies. Ceux
qui méprisent le sentiment font du pittoresque.
Quelles concessions le rude Michel-Ange n'a-t-il pas
faites de sa rusée main florentine, pour amorcer la
curiosité et pêcher l'admiration ! Les ignorants ont
le cœur tendre, les savants ont l'œil singulièrement
tourné vers la curiosité. Les femmes et les docteurs
regardent avec complaisance et pour le plaisir de
leur yeux, la statue de la pudeur ou Braccio Nuovo,
la Melpomène, la Clio, la Terpsychore et surtout la
Polymmé de la salle des Muses, les Enfants de la
salle des candélabres depuis l'Enfant qui joue aux
dés jusqu'à l'Enfant à l'oie.

On lit toujours avec plus de plaisir et de profit
l'histoire quand elle est illustrée ; de là, l'immense

intérêt de curiosité qui s'attache à la collection de statues et de bustes d'Empereurs que renferment surtout le Vatican et le Capitole. Qu'importe la faiblesse relative des statues de César et de Pompée?

Tout le monde fait le pélerinage du palais Spado et brave les épouvantables courants d'air de la cour du palais des Conservateurs pour les comparer, et quelle joie, lorsque la beauté de l'exécution répond à l'intérêt du sujet! On se grave irrévocablement dans la mémoire Auguste enfant, Commode, Hercule, Marius et Dioclétien vieillards.

On compare Trajan au front bas avec Scipion au front chauve. Quand Tibère est trop beau, on l'appelle Drusus. On compare la grossièreté de Vitellius, la rouerie de Vespasien et la bonhomie de Titus. On cherche à percer le masque féminin des Agrippine des Faustine et des Livie. On n'oublie ni les draperies savantes, ni les coiffures ridicules. Qui donc ne, reconnaîtra au jugement dernier et à première vue Julie, la bizarre fille de Titus? le jeune Heliogabale et le jeune Gordden? et ces figures de *bassi cantanti* que l'on croirait voir descendre des planches d'un opéra? Les Antonins à la barbe peignée, Lucius Verus, frisé comme un bélier, et le grand virtuose Adrien, si corrompu sous un masque viril? vous figurez-vous voir sortir de ces lèvres lippues, à travers ce poil griffaigne les célèbres versiculets : *Animula blandala?* Il est vrai que les traditions historiques sont parfois étrangement contredites : la tête de César dans sa statue authentique n'est pas chauve, pas plus que celle de saint Pierre dans la plupart de ses anciens portraits. Voir entre autres, comme haut attrait de curiosité, les deux statuettes orientales de saint Pierre et de saint Paul, à droite et à gauche dans la chapelle souterraine publique de la basilique de Sainte-Hélène, *Santa croce in Gérusalemme.*

Mais nous voici bien loin de l'art. La fantaisie est un enfant qu'on prend par la main et que l'on croit conduire à la promenade ; — c'est lui qui vous mène.

Que la statue en marbre du Vatican soit ou non, la copie d'un original en bronze, je déclare que de toutes les œuvres dues au ciseau d'un homme, la plus belle, à mon sens, sans contredit et sans équivalent, sinon sans comparaison, est l'Apollon du Belvédère.

Le sentiment révélé d'un Dieu fait homme y manque complétement et ne pouvait y exister. Toutefois cette image donne beaucoup plus l'idée d'un Dieu que le Pythien en colère dont Michel-Ange a fait dans la chapelle Sixtine le juge suprême des vivants et des morts.

C'est bien véritablement l'apothéose de la forme humaine, — un homme fait Dieu.

On parle du coup de foudre en amour. L'attrait artistique est un amour platonique, mais c'est une passion. J'ai reçu le coup de foudre de l'Apollon du Belvédère.

Irrité ou non, combattant ou commandant, l'Olympien est calme. Ses formes viriles sont chastes sans être voilées, comme il convient à un Dieu du Paganisme. On sait l'histoire des anciens Olympiens. Le petit diable de Cupidon leur sort toujours par quelque coin de l'oreille. Ici, pas même le soupçon éloigné d'une pensée érotique.

Comparez cette divine statue avec le bel Antinoüs, — pièce de venaison domestiquée et engraissée à point. Sans faire aucune concession au libertinage qui, même au point de vue payen, n'est qu'une face infime de l'art, le charme platonique de la forme est beaucoup plus grand dans l'Hermaphrodite que dans l'Antinoüs.

Que le Laocoon soit une œuvre admirable, le chef-d'œuvre de l'école Rhodienne, je le veux bien. Abstraction faite de la maladroite restauration des bras, l'admirable musculature du torse de Laocoon, la gracilité peut-être exagérée, mais si heureusement graduée des deux enfants, l'habileté infinie du ciseau arrêtent les yeux, mais ils se fatiguent vite, tandis que plus on contemple l'Apollon, plus on veut le voir et plus on se sent attiré vers lui. On admire le Laocoon pour le plaisir et le devoir de l'avoir admiré, on pense à l'analyse qu'on en fait ou qu'on en fera, tandis qu'on ne se rassasie pas de contempler l'Apollon pour le seul charme admiratif et respectueusement familier que l'on y trouve.

Aussi je réclame pour l'Apollon la phrase que

Pline consacre au Laocoon : *Opus omnibus et pictu-
ræ et statuariæ artis præponendum.*

Je sais bien que Michel-Ange qui se disait l'élève
du Torse d'Hercule appelait le Laocoon « Le miracle
de l'art. » Mais cela ne m'étonne pas. Michel-Ange
procède du Laocoon, comme Raphaël procède de
l'Apollon.

Que le Gladiateur mourant ait fait partie d'un
groupe ou que ce soit une statue détachée, ce n'en
est pas moins une œuvre de premier ordre. Ici, ce
n'est plus un Dieu, c'est un homme, un esclave qui
meurt, blessé dans un cirque. Pourquoi cette mort
si vulgaire est-elle si digne et pourquoi, hors du sentiment chrétien, éveille-t-elle les plus nobles idées.
Pauvre soldat Gaulois, obscur combattant, sans
grade et sans bravoure distincte, fait prisonnier dans
un groupe et mis à mort parmi d'autres, la vue de la
mort éveille-t-elle en toi ces deux premières pensées
élevées, — un regret et un vague espoir ? — La statue du Gladiateur dit tout cela et pourtant l'artiste
n'a pas sacrifié la pureté de la forme au sentiment.
Il est impossible d'envelopper une idée héroïque dans
une plus grande simplicité et une plus grande largeur de style. C'est pour cela que le Gladiateur est
un chef-d'œuvre.

Bien que les spécimens de l'art chrétien, trouvés
principalement dans les catacombes soient surtout
précieux à cause de la curiosité qu'éveille leur explication symbolique, on trouve toutefois dans certains

sarcophages du Vatican et surtout dans ceux du Latran, dont quelques-uns sont malheureusement trop
restaurés, des traces d'un art véritable, d'un ciseau
ingénieux et savant. Certains Jonas sont d'irréprocha-
bles académies, tels Enfants dans la fournaise de
charmants bas-reliefs ; un sarcophage du Latran
presque intact, en marbre blanc, est un chef-d'œuvre d'art ornemental avec ses coquets enroulements
d'arbres, de fruits et de personnages. Le plus parfait en ce genre, peut-être, se trouve sous le portique
de Saint-Laurent-hors-les-Murs.

Les sarcophages de Constance au Vatican, malgré
la défiance inspirée par les retouches, étonnent et
ravissent par leur mélange de grâce payenne et de
sentiment chrétien.

Grâce payenne et sentiment chrétien, — n'est-ce
pas la devise de la Renaissance, de la bonne Renaissance et Michel-Ange lui-même, qui se réfugia dans
la force comme un lion dans son antre, n'avait-il pas
cherché d'abord cette grâce et cette finesse, qui s'é-
miettèrent comme poudre d'or, entre ses doigts trop
rudes ?

Si Michel-Ange n'est pas tout entier à Rome, il y
est complètement représenté. La Pietà de St-Pierre
est une œuvre de sa jeunesse ; le Christ de l'église
de la Minerva, une production de son âge mûr : on
sait que la chapelle Sixtine est le dernier mot de son
génie et de sa verte vieillesse.

La Pietà est une œuvre charmante, qui vise au

sentiment par le réalisme; la Vierge écarte les genoux, sinon trivialement, du moins d'une façon propre à choquer les habitués byzantins du style divin;
elle y gagne de pouvoir supporter le cadavre couché
que le maître (avait-il vu déjà le Laocoon?) a fait
pour le même motif plus près de l'adolescence que
de la virilité. La logique aidant, la Vierge y gagne en
jeunesse. Comme s'il s'était repenti de cette concession à la beauté idéale, le florentin, déjà maussade,
a pris brutalement à la nature triviale du cadavre
ce muscle de l'aisselle obéissant à la pression, qui
choque les ignorants et les délicats. Michel-Ange
était du tempérament que la tradition donne à Ga-
lilée. Il faisait des concessions au préjugé et aux
mièvreries poétiques de l'imagination, mais le réel
le tirait à lui, et volontiers, il eût dit aux pédants
qui se choquaient de ses nudités et de ses réalités :
E puer si muove. Et pourtant la nature est ainsi.

Le Christ de l'église de la Minerva est-il tout entier
de sa main? Pour moi je l'accepte et volontiers aussi
j'accepterais, comme étant de Michel-Ange, dans
l'église St-Gervais, la statue du saint et surtout celle
de sainte Sylvie, sa mère, bien qu'il ne les ait, dit-on,
qu'ébauchées; — la griffe du lion y est.

Elle est aussi tout entière sur le Moïse de St-Pierre-
aux-Liens. L'originalité des cornes n'a rien de choquant, mais la barbe a trop d'importance : la pose
est vague et un peu théâtrale. Michel-Ange vieillis-
sant, faisait comme Corneille; il faisait grand et par-

fois pompeux. Cela dit, le torse du Moïse vaut celui
de l'Hercule et du Laocoon, et encore a-t-il une
sorte d'élégance sénile que n'ont pas les antiques.
L'athlète Michel-Ange, qui taillait le marbre à grandes tranches sans ménager le ciseau et le maillet,
devait avoir les extrémités d'une remarquable finesse.
Dessinées ou sculptées, ses mains sont plus vrai-
semblables que vraies. Je trouve toujours dans Michel-Ange, jeune surtout, des préoccupations d'élégance et, s'il a fait bon marché des mièvreries dans
son âge mûr, il a toujours conservé la suprême distinction de ces mains plates et de ces doigts en fu-
seau qui n'appartiennent qu'à lui.

Et la Sixtine?—Ainsi que je le dirai tout à l'heure,
à propos de Raphaël, la Sixtine est une surprise.
Celui qui n'a pas vu de ses yeux et longuement con-
templé la Sixtine, sans préjugés, ne peut s'en faire
une idée, même approximative. La copie de Sigalay
et les nombreuses gravures ne servent qu'à faire
naître dans votre imagination un fantôme apocry-
phe, sans aucune ressemblance avec l'original. Vous
vous attendez, d'ailleurs, d'après les récits traditionnels, à vous trouver devant un mur enfumé et
noirci, couvert d'une composition confuse et indé-
chiffrable, à travers laquelle détonnent des raccour-
cis et des grimaces. Il ne vous est jamais venu à
l'idée que Michel-Ange se fût préoccupé de la couleur. Eh bien! j'ai l'intime conviction qu'il y tenait
comme un Vénitien. N'est-ce pas lui qui, en extase

devant certain Titien, disait : Quel dommage que cet homme ne sache pas dessiner ! — Traduction : Je dessine autrement que cela (ce qui était vrai) ! Mais je peindrais volontiers avec cette palette. — Michel-Ange se préoccupait de la couleur, comme plus tard Le Dominiquin. On n'est pas Italien en vain. Il faut être au moins Français pour s'en tenir à la ligne et à la géométrie de l'art.

Le Jugement dernier n'est pas clair et éclatant comme un Rubens reverni ; mais tel qu'il est, il est parfaitement compréhensible dans l'ensemble et dans les détails, par certains beaux soleils comme hier et aujourd'hui (jeudi-vendredi-saint 1869). La chapelle Sixtine est assez éclairée et le magnifique groupe des élus s'envole magiquement vers le ciel, tandis que le lourd paquet des damnés tombe sous la malédiction que le Souverain Juge a l'air de leur lancer avec une fronde. On voit distinctement les défauts et les beautés de cette œuvre unique. Et à mesure que le jour tombe, le plafond s'éclaire.

Aux sons divins de la musique de Palestrina et d'Allegri, les sybilles et les prophètes semblent descendre. Le Jonas se détache et la lueur des cierges lui donne l'apparence du souffle intermittent de la vie ; et le Daniel? et cet admirable Isaïe, la plus belle figure que l'homme ait trouvée au bout de son pinceau? les sujets des compartiments et des tympans restent toujours un peu confus, mais les figures décoratives qui les encadrent sont splendi-

des. L'Isaïe de Raphaël à Saint-Augustin ne peut se
comparer à l'Isaïe de la chapelle Sixtine. J'ai si mal
vu sous un voile, écarté à la dérobée, les sybilles de
de Santa-Maria-della-Pace que je ne saurais les
apprécier, même de premier mouvement. Mais je
m'en tiens aux sybilles de Michel-Ange. La Sixtine
est sa chambre, comme la *Segnatura* est la Stanza
de Raphaël.

Ces Stanze de Raphaël m'ont causé la plus douce
surprise et une des émotions artistiques les plus
agréables que j'ai jamais ressenties. Raphaël n'est pas
tout entier dans ces trois salles célèbres, mais il n'a
jamais rien fait de plus harmonieux que l'Héliodore
et rien de plus achevé que la partie droite de l'in-
cendie du Bourg. L'école d'Athènes, le Parnasse, et
la Dispute du Saint-Sacrement, peut-être plus effacés que le Jugement dernier de la Sixtine, plaisent
diversement aux artistes. Si j'avais une préférence
à indiquer, peut-être la donnerais-je à l'école
d'Athènes dont l'ensemble paraît moins académique
que celui des deux autres. C'est par là que l'Héliodore séduit les écoliers et les maîtres même, ceux
qui ne sont ni l'un ni l'autre, — Urbem et Orbem.

Si le temps a obscurci ces aimables et admirables
peintures, il les a recouvertes d'une patine harmonieuse qui ajoute à leur charme; il est permis de
supposer en les voyant que Raphaël aussi se préoccupait de la couleur; partout le doigt, et l'ongle nulle
part. Point de ligne brutale qui rappelle le fouet du

pédant. Pour n'être point l'or du Titien, l'or de Raphaël n'en est pas moins de la bonne et splendide monnaie. C'est une autre éclaboussure de soleil.

Un moment retenu par son maître, Raphaël fut compromis par ses élèves qui se jetèrent dans l'école avec autant d'étourderie et de libertinage que dans la vie. Au-dessus des Stanze, le musée du Vatican renferme cette admirable transfiguration que quelques-uns regardent comme le chef-d'œuvre de l'art. C'est, en tous cas, une œuvre complète d'un des plus grands maîtres qui aient jamais existé. Au milieu de cette harmonie, un petit coin détonne brutalement. C'est comme une faute d'orthographe dans un discours de réception d'académie, comme une tache sur un habit de cérémonie, imperceptible ailleurs, mais placée là, choquante et éclatante. On s'informe, on interroge l'histoire et les anecdotes de l'histoire, Raphaël est mort à la peine.

Jules Romain a peint cette tête de possédé aux yeux louches et peut-être cet homme à bouche ouverte, avec des yeux furibonds qui grimace à côté. Jules Romain et le Fattore sont les deux larrons du maître. Le meilleur aurait dû faire ménage à part, ils s'en sont donné tous deux à cœur joie dans la salle de Constantin ; par malheur pour eux, le maître y a peint ces deux figures de la Justice et de la Mansuétude qui sont bien de lui et qu'on regarde seules quand on les a aperçues. La tradition a raison. Ces deux figures sont de Raphaël; elles éclatent au

milieu de la vaste composition, non pas parce
qu'elles sont peintes à l'huile au milieu d'une fresque; il s'agit vraiment bien d'autre chose; le doigt de
Raphaël s'est arrêté là, et a mis un rayon dans les
ombres confuses et les lumières diffuses du Romain
et du Penni.

Ces élèves compromettants ont pourtant peint le
plafond de la Farnésine et cette œuvre charmante
garde son attrait tout entier. Carle Maratte y est
peut-être pour quelque chose, et cette fois-ci (l'ex-
ception confirme la règle), il s'est trouvé un res-
taurateur intelligent. Nous n'avons pas d'ailleurs à
chercher ici la couleur de Raphaël, puisque les élèves ont primitivement peint la Farnésine sur les car-
tons du maître. Mais quelle libre, délicieuse et lim-
pide façon d'interpréter cette fable de Psyché,
gracieuse entre mille, mais, cette fois, élevée par
l'interprétation à la hauteur d'une épopée familière.
Je ne sais pourquoi l'aspect de la Farnésine m'a fait
penser à un chant d'Homère. Homère sera toujours
le plus gai, le plus séduisant, le plus clair, le plus
bonhomme et le plus malin des poëtes. Raphaël est
bien capable d'illustrer Homère.

La Galatée n'est qu'un tableau isolé, qui ne dit
rien à l'esprit, mais qui charme les yeux.

Est-ce la banalité du sujet qui me laisse froid devant cette œuvre magistrale, ou suis-je taquiné par
les cancans d'atelier qui accusent encore ici les élèves de Raphaël d'avoir fourré leurs pattes dans le

4

groupe de droite? — Peut-être bien, Certes, ce n'est pas l'intérêt que je porte à la belle boulangère, qui fut la Lisette du grand peintre, qui me fait trouver admirable la Fornarina du palais Barberini. Où est le charme de cette peinture? La tête est à peine belle et la pensée n'a pas tracé une seule ride sur ce front placide; les yeux sont ternes, la figure est à peine jolie sans être complètement régulière. Suis-je attiré par l'appât libertin d'une nudité plus savamment que délicatement voilée? — A Dieu ne plaise; j'ai déjà dit que cet attrait-là ne comptait pas et devait être honteusement chassé de l'école. D'ailleurs, la Fornarina, un peu scabreuse peut-être dans un salon janséniste, est ici décente par comparaison. Plus j'analyse mon sentiment, plus je me réduis à dire : J'admire parce que c'est un Raphaël et que je puis le comparer. Je ne sais qui a joué au Guido Reni le mauvais tour de mettre à côté de la Farnésine sa *Béatrice Cenci*, portrait cette fois plein de sentiment et d'expression naturelle d'un peintre habituellement froid et affecté; d'un côté, l'histoire, la curiosité, l'intérêt du sujet, la palette des jours de fête; de l'autre, rien, la maîtresse et la palette de tous les jours. Si vous voulez savoir ce qui distingue le génie du talent, allez voir la Fornarina de Raphaël et la Béatrice du Guide.

Bien que celui-ci ne soit pas non plus tout entier à Rome, il est en grand honneur et on le regarde comme un maître, à cause de son St-Michel des Capucins, de sa Descente de Croix du Musée du Vatican, et surtout du plafond de l'Aurore du palais Rospigliosi. Il y a bien encore sa Madeleine du palais Sciarra et son Annonciation de la chapelle de l'Albane au Quirinal; mais je me figure que ses admirateurs font bon marché de cette glace maniérée et qu'ils réservent tout leur encens pour la fameuse Aurore du pavillon Rospigliosi. Si l'on n'avait pas la bouche pleine de Raphaël, on pourrait en effet savourer cette œuvre savante, délicate et solide, trop solide même peut-être, si on s'arrête à l'opacité des rayons et des nuages. On peut admirer sans réserve le groupe des Heures à gauche, jusqu'à cette malencontreuse et lourde figure de femme contournée, simple et savante académie, mais déesse bien charnue pour une fonction aussi aérienne.

Je ne comparerai pas l'Aurore Rospigliosi à l'Aurore Ludovisi. Je n'ai pas vu cette dernière œuvre du Guerchin que je ne puis guère juger ici que sur la Sainte Pétronille, grande et harmonieuse composition, qui m'a laissé toutefois un peu de déception, moins pourtant que la Didon du palais Spada, œuvre théâtrale et décousue. Les maîtres inférieurs doivent être vus et jugés à part, pour l'être équitablement.

J'en excepte toutefois le Dominiquin. Si Michel-Ange et Raphaël le dominent, ils ne l'écrasent pas La Communion de Saint Jérôme tient son rang au musée du Vatican, en face de la Transfiguration et elle ne cède pas; elle doit avoir même ses partisans qui la préfèrent à la Transfiguration et, comme sentiment, la préférence est acceptable. Le Saint Sébastien de Sainte-Marie-des-Anges est très-beau; mais ici, il n'y a plus de comparaison avec Michel-Ange ou Raphaël. La *Création* soutiendrait mieux la lutte. Le *David* et l'*Adam et Eve* du pavillon Rospigliosi sont deux débauches bien larges et bien séduisantes, où la liberté de pinceau du Dominiquin et la préoccupation de la couleur apparaissent tout entières. Ici encore que l'on compare avec le *Samson* d'Annibal Carrache. Il semble qu'on ait déjà vu quelque part tous ces bonhommes effacés ou renversés et ce palais qui s'écroule. A toute force, on aurait composé ainsi la même scène. Mais qui jamais eût imaginé ce Paradis terrestre et cette basse-cour fourmillante et complète ?.. et ce David triomphant? — Dominiquin est parfois un grand maître et toujours un maître original.

C'est aussi une œuvre curieuse que sa *Flagellation de Saint Grégoire*, bien que l'humidité des murs de la chapelle ait singulièrement altéré la fresque. Mais ce qui est plus curieux pour un fureteur et pour un Normand, c'est la copie faite par le Poussin et que je crois dans l'église de Sainte Françoise Romaine.

Pauvre grand Poussin ! noyé ici, dans ta patrie d'adoption, à peine si tes doctes paysages se distinguent des estimables natures de ton beau-frère Le Guaspre. Ton Martyre de saint Erasme t'a fait monter sur des échasses qui n'étaient pas faites pour toi. Non, ce n'est pas à Rome qu'il faut voir et juger le Poussin et pourtant j'ai trouvé une perle : la copie des *Noces Aldobrandines* au palais Doria; du Hamon, grand comme le monde, pensé par Raphaël et peint par le Poussin.

Cela vous met en joie et vous fait admirer avec plus d'épanouissement le *Moulin* du Lorrain qui, plus heureux que son ami, rayonne ici de toute sa splendeur, surtout dans ce merveilleux *Moulin* dont la limpidité, la fraîcheur et la transparence n'ont jamais été surpassées, si elles ont été égalées.

Le Valentin tient aussi sa place à Rome et, sympathie à part, il me parait balancer, sinon surpasser le fougueux Caravage, malgré les *Joueurs* du palais Sciarra et l'*Education de la Vierge* de la galerie Spada. Les *Martyrs* du Vatican et la *Charité Romaine* de la galerie Doria ne pâlissent pas trop parmi les chefs-d'œuvre.

Que dire des tableaux de grands maîtres épars? un ou deux Titien, un Corrége, un Léonard, des Véronèse douteux. Pas un jugement nouveau, pas une impression nouvelle. Nous les ririons en leur temps, et chez eux.

Et les petits maîtres? les dédaignés, les amoncelés, les victimés à contre-jour? Telle épluchure serait morceau friand, si on vous le servait seul. Mais elle disparaît dans le tas.

Bien que je ne vous aie rien dit des Carrache, dont

les peintures au palais Farnèse mériteraient une
étude particulière. j'ai peut-être été déjà trop long,
et cette lettre aura été écrite plus pour mon plaisir
que pour celui de mes lecteurs. Mais l'art est un dada
qu'on enfourche et sur lequel on a de la peine à se
tenir. Il vous mène toujours plus loin qu'on aurait
voulu, et l'on doit s'estimer heureux, quand il ne
vous jette pas rudement à terre.

Gustave LE VAVASSEUR.

IV

.

E T le Pape? — ne l'avez-vous point vu ou n'en osez-vous rien dire? — Rassurez-vous, ami lecteur, hier, dimanche de Pâques, je l'ai vu officier pendant trois heures avec une vigueur, une verdeur et une aisance supérieures, sans contredit, à celles des cardinaux qui l'assistaient. J'ai entendu sa voix plus haute et plus claire que celle du diacre latin et celle du diacre grec chanter distinctement la Préface et le Pater, en ajoutant avec une certaine coquetterie et non sans grâce quelques fioritures italiennes à la mélodie grecque. Hier sur la place Saint-Pierre, nous étions cent cinquante mille, à genoux ou debout, tant la foule était compacte, et chacun de nous a pu distinctement entendre les paroles de la longue formule: *Sancti Apostoli*, en attendant qu'une décision formelle vienne condamner la tradition *urbis* et *orbis*.

Il m'est consolant et doux, mon cher compatriote, de penser qu'ils nous a bénis tous ensemble, absents et présents. D'ailleurs, en prêtant l'oreille, je ne sais pas si vous n'auriez pas pu entendre dans le lointain

la fameuse formule finale : *et Benedictio Dei omni-*
potentis, Patris, Filii et Spiritûs Sancti descendat.
super vos et maneat semper. La voix qui la pronon-
çait semblait assez éclatante pour être entendue jusqu'au bout du monde.

Il m'est revenu que des habitués de ces augustes
cérémonies se plaignaient de l'affaiblissement de
cette célèbre voix du Pape, sans rivale en éclat et en
puissance. Je pense qu'il y a chez eux un petit mouvement de vanité et que, comme les vieillards qui
admirent en les enflant, les choses de leur enfance,
ils s'imaginent avoir entendu mieux et ne sont pas
mécontents d'avoir entendu seuls. La voix du Pape
est celle d'un vieillard : elle a perdu de sa souplesse
et de sa fraîcheur; mais elle est encore exceptionnel-
lement haute et remarquablement distincte. L'accent
italien très-prononcé dans les paroles et dans la musique n'est pas sans charme. Je ne saurais trouver
d'adjectif qui rende mieux ma pensée, — le chant du
Pape est *imagé.* Sans son accent italien, il paraîtrait
peut-être avoir une certaine emphase et une certaine
prétention, avec l'accent il n'a ni l'une ni l'autre.

C'est bien la voix de l'homme dont les caractères
extérieurs saillants sont la bonté intelligente et la familiarité temporelle. Pontife ou Roi, sous la tiare ou
le bandeau, Pie IX peut arriver à la Majesté, jamais
à la Pompe. La première couronne, la seule, si l'on
n'était pas prévenu, que l'on aperçoive sur son front,
— c'est sa couronne de cheveux blancs. Tête nue à

certains moments de l'office et surtout quand il porte le *Corpus domini* de la Sixtine à la Pauline. Le Jeudi Saint, le Pape, comme homme, est cent fois plus beau que lorsqu'il entre dans Saint-Pierre un peu balloté dans la *Sedia gestatoria*, la tiare en tête, au son des fanfares et au chant de la célèbre antienne : *tu es Petrus.*

La première fois que j'ai vu Pie IX, c'était aux premiers jours de mars, peu de temps après mon arrivée à Rome. Je faisais ma seconde visite à Saint-Pierre et j'étais, je crois, occupé à déchiffrer dans le bronze de la porte principale je ne sais quelle divinité payenne, quand le paillasson de la porte de droite se leva tout effaré, et, non moins effaré que le paillasson, un homme sortit, en me jetant en italien ces mots : « Si vous voulez voir le Pape, il est dans l'église. » En ce temps-là, je n'étais pas un fort italianisant et depuis je n'ai guère fait de progrès... Je compris toutefois et j'entrai. Il est commode de savoir le latin et de partir, au premier signal de la curiosité, — dût-on faire un pas de clerc. C'est un pas perdu et en voyage, il s'en va avec tant d'autres, — au profit du cordonnier.

Les cent personnes éparses dans la basilique étaient groupées fort à l'aise devant une balustrade provisoire défendant l'accès du transept de droite J'arrivai facilement au premier rang et je vis à trois pas devant moi, me tournant le dos, un petit vieillard trapu, revêtu d'une soutane blanche et couvert d'un manteau rouge. Il s'entretenait avec des personnes à tournure commune, en habit de cérémonie, ou de *fonction*, comme on dit ici.

La conversation semblait animée et elle roulait sur des détails de menuiserie ou de charpenterie, car au bout d'un moment, le petit vieillard se dirigea d'un pas lourd et cadencé vers une estrade nouvellement construite ; un des entrepreneurs s'assit sur la chaire préparée pour prouver que la place avait été convenablement ménagée, et le Pape (car c'était lui) s'assit lui-même pour s'assurer qu'on pouvait tenir à l'aise dans la stalle, et satisfait de l'épreuve, redescendit aussitôt la travée de droite pour rentrer dans ses appartements. La petite foule se précipita à sa rencontre et je pus le considérer à loisir descendant l'église, bénissant et surtout donnant à tout venant sa main à baiser ; il adressa la parole à deux chanoines prosternés entre lui et moi. Ce n'était plus le même homme, le petit vieillard avait singulièrement grandi. Bien que je me fusse gardé de tout enthousiasme et de tout préjugé, j'avais d'abord éprouvé une petite déception, je fus récompensé de ne pas avoir cédé à mon mauvais premier mouvement.

Le lion et l'agneau veulent être vus de face. Pie IX est comme le lion et l'agneau. Par derrière, je le trouvais ressemblant, sinon inférieur à ses plus mauvaises photographies de face ; ses meilleurs portraits ne lui ressemblent en aucune façon. Le front est élevé, tranquille et calme sous des cheveux plus

blancs que la calotte et la soutane. La face est pleine
comme dans les portraits, mais le nez est long et fin,
la bouche grande sans lèvres lippues ; les yeux ne
sont ni gros, ni à fleur de tête. Ce sont peut-être les
plus beaux yeux et surtout les plus nets que j'ai
jamais vus, — malins, doux et francs.

Je vis S. S. deux jours après, un vendredi, faire
sa prière à la Confession et à l'Autel de Saint Grégoire
dont c'était la fête ; la foule était plus grande, le cortége plus nombreux, le trajet assez long ; Pie IX en-
touré des cardinaux et de sa suite, bénissait sur son
chemin et ne fit que passer. La seconde vue ne
m'apporta aucune désillusion, mais elle laissa mon
appréciation au même point que la première.

Quelques jours après, j'étais admis à l'audience du
Saint-Père. C'est une faveur qu'il accorde à tout le
monde, sur une demande dont la formule est toute
faite. Je ne sais pas si tout voyageur ou pèlerin croit
y avoir droit, mais je crois que tous la demandent et
qu'on ne la refuse à personne.

Notre audience était pour le mardi 9 mars à onze
heures moins un quart. On m'avait prévenu que je
ferais antichambre jusqu'à midi ; arrivé à l'heure
réglementaire, j'avais à peine eu le temps de comp-
ter les élus du jour, — une centaine environ,—que
nous fûmes admis.

Les femmes étant en majorité, l'empressement
l'emporta sur l'étiquette, et malgré les efforts des
camériers et une sorte de rappel à l'ordre de Pie IX

lui-même, ce fut une cohue plutôt qu'une présentation.

Les uns, et surtout les unes, se précipitent à ses pieds, pendant qu'il leur tendait les mains ; les unes seulement glissaient à son oreille des confidences auxquelles il répondait par des gestes de condoléance et de bénédiction. Il se débattait comme un père trop aimé sous les caresses un peu indiscrètes de ses enfants. Il y avait vraiment de quoi impatienter un saint, — le saint ne s'impatienta pas.

Il finit par obtenir le silence, et, avec cet accent italien qui donne à son chant tant de piquant et tant de charme, il nous adressa un discours familier dont j'ai retenu la dernière partie. Je la retrouve, à trois semaines de date, dans mes notes et, comme alors, je ne puis vous en envoyer que la lettre-morte, en me déclarant impuissant à reproduire les nuances de finesse, de bonhomie, d'aimable paternité et de condescendante familiarité qui lui donnaient un cachet tout particulier.

Après avoir adressé aux hommes quelques mots sur l'unité et l'immuabilité de la vérité, le Saint-Père ajouta :

« MES ENFANTS,

« Je m'aperçois qu'aujourd'hui les femmes sont ici en majorité, et je vais leur dire quelques mots en particulier. Aujourd'hui, nous célébrons à Rome la fête d'une dame, sainte Françoise-Romaine. Mariée au descendant d'une illustre famille, elle avait eu son mari tué ; c'était une époque de tempêtes et de troubles, et dans ce temps-là on se tuait déjà facilement pour la politique ; son fils fut tué comme son mari, et Françoise s'en revint à Rome. Elle se consacra aux bonnes œuvres, fonda un *Conservatoire*(1) pour les filles pauvres et se dévoua au service des pauvres.

« Cette bonne grande dame, ayant épuisé ses ressources, allait elle-même quêter et recueillir les aumônes, simplement, sans rougir, *con somà*. — En français, vous appelez l'humble animal un âne, — eh bien! les femmes se dévouent aujourd'hui comme sainte Françoise. Nées dans un ordre inférieur à l'homme, elles l'égalent en mérites et souvent elles le surpassent. Les religieuses, les dames du Sacré-Cœur, les sœurs de Saint-Vincent-de-Paule rivalisent de zèle et de piété. Celles qui le peuvent, — tout le monde ne le peut pas, hélas! — font l'aumône; toutes méritent. Acquérez des mérites, mes enfants; visitez es pauvres, secourez les infirmes, et, si quelques-unes ont des tracas dans leurs ménages, qu'elles souffrent en patience et s'acquièrent les mérites qui les conduiront à une éternité bienheureuse. »

Puis, le Saint-Père nous bénit, et nous nous retirâmes.

(1) Pension

J'ai pu donner une idée de la simplicité de l'audience et de l'allocution, mais je n'en ai pu rendre
la physionomie touchante ni l'accent paternel. Chez
Pie IX, il n'y a rien du roi qui commande, rien du
Pontife qui officie, pas la moindre nuance de la
pompe sacerdotale ou tyrannique. C'est un grand-
père à qui ses petits-enfants monteraient volontiers
sur les genoux.

J'ai revu Pie IX donner les deux bénédictions du
Jeudi-Saint et du jour de Pâques; je l'ai vu officier
à la Sixtine et à Saint-Pierre, et mon impression a
été la même, — la bonté familière voilait la Majesté.
Un prédicateur du moyen-âge disait que la miséri-
corde de Dieu était son doigt du milieu, et que, lorsqu'il étendait la main sur nous, ce doigt-là était toujours plus long que les autres. N'était la coutume
latine, volontiers je croirais que Pie IX bénirait toujours avec le seul doigt du milieu.

J'ai parlé tout à l'heure des cérémonies de la semaine sainte. Elles peuvent contenter la curiosité
humaine, mais, du côté religieux, c'est une complète
déception, qui, pour les timorés, pourrait aller jusqu'au scandale, si chacun n'en était pas plus ou
moins complice. Les offices du dimanche des Ra-
meaux et ceux du jour de Pâques qui se font à Saint-
Pierre, sont moins tumultueux et moins confus que
les autres. Il y a bien quelques émeutes féminines
dans les grandes tribunes des dames, quelques pous-
sées de suisses dans la cohue des hommes. Mais ce

sont des bourrasques et il y a des moments de calme
relatif où le silence n'est troublé que par le chuchotement des pieds et le bourdonnement des con-
versations particulières, ce n'est pas plus fort qu'un
bruit de ruche. La Basilique chrétienne où l'on de-
vrait prier ressemble alors à ces Basiliques payen-
nes où l'on trafiquait. Mais à toute force, un chrétien
de bonne volonté et qui résiste aux ahurissements
de la curiosité peut suivre l'office. Il peut assister à
la messe à peu près comme un paysan retardataire
qui s'est trouvé refoulé au-delà du porche jusque
sur la place du marché.

Mais à la Sixtine, c'est une indéfinissable cohue.
L'intérieur regorge de curieux et bien que de temps en
temps les mal placés et les derniers arrivés sortent
découragés, ceux qui font queue à la porte s'effor-
cent d'entrer. La *Sala regia* qui sert d'antichambre
à la Sixtine et à la Pauline est remplie d'une foule
en ébullition. On se dirait à la Bourse de Paris. Un
rideau rouge sépare la Sixtine de la *Sala regia*. Il
s'entr'ouvre parfois et les chants lointains de l'admirable chapelle papale arrivent indécis et confus à
travers le brouhaha. Sans s'en rendre compte, sans
impiété préconçue, par une suite de cet *ahurisse-
ment* de curiosité dont je parlais tout-à-l'heure, on
oublie le lieu où l'on est et la cérémonie à laquelle
on assiste. Les camériers, les familiers, les sacris-
tains, les chantres fendent la foule sans discrétion,
si non sans motif, les abbés causent, les moines ba-

vardent et circulent. Deux épisodes dont j'ai été té-
moin préciseront mieux le caractère général du désordre.

Le Jeudi-Saint pendant le chant du Motet de Palestrina, aucune nuance de silence ou d'attention ne
permit aux exilés de la *Sala regia* d'en entendre
seulement l'ensemble. Le rideau rouge était écarté,
mais les dames fatiguées étaient affaissées sur leurs
pliants dans les coins ; les hommes se promenaient
et j'en vis quatre qui, par embarras ou par distrac-
tion, avaient mis leur chapeau sur leur tête. La fin du
Motet précède le Sanctus et avec un peu d'attention,
on peut connaître le moment de l'élévation. Mes quatre hommes ne paraissent pas s'en douter ; ils conti-
nuèrent leur conversation et gardèrent leur chapeau.
Ils n'avaient l'air ni bravaches, ni banqueteurs de
Saint-Mandé. Ils étaient distraits, voilà tout et ne sa-
vaient pas où en était l'office.

Le pape, à pied, tête nue, porte de la chapelle
Sixtine à la chapelle Pauline où est le tombeau,
l'hostie consacrée mise en réserve pour le Vendredi-
Saint. C'est le moment d'un redoublement de fièvre ;
on s'écrase sur le parcours de cette procession de
trente pas de long.

J'étais encaqué contre deux Anglaises dont
l'une tenait un bouquet à la main. Dans la presse,
elle leva le bras pour indiquer à sa compagne d'où
venait le Pape et naturellement le bras demeura en
l'air. La procession eut un moment de retard ; les

chantres firent halte et silence pour faire coïncider
le *Verbum Caro* du *Pange lingua* avec l'entrée du
Pape dans la Pauline.

Enfin le cortége du Pape parut. Le bras en l'air de
l'Anglaise faisait des signes télégraphiques et le bouquet s'agitait comme un goupillon ; elle voulait montrer le Pape à sa compagne plus petite qu'elle, entas-
sée dans la foule. Pie IX parut. Peut-être le brouhaha
lui sembla-t-il un peu familier pour un pareil moment. Je l'entendis distinctement murmurer en se
tournant de notre côté : *corpus domini*. L'Anglaise
n'entendait rien, le bouquet s'agitait de plus belle
sur sa tige et j'ai cru un instant qu'il allait tomber
aux pieds du Pape. Mais non, la procession passa,
la foule se dissipa et mes deux Anglaises se retirè-
rent côte à côte, contentes toutes deux, l'une d'avoir
distinctement désigné le Pape à sa compagne, l'autre, de l'avoir entrevu. Elles n'y avaient mis aucune
malice, et s'il y a excès de familiarité, il ne saurait y
avoir scandale, quand chacun en prend sa petite
part.

La foule dont je viens de parler n'est rien auprès
de celle qui va, vient, remue, grouille, serpente, se
mêle, se tresse, frappe aux portes, implore les gendarmes, bouscule les dragons et se trompe d'issues
un moment après la procession dont je viens de parler. Vers midi, le Jeudi-Saint, le Pape donne la bénédiction sur la place, aussitôt après procède au lavement des pieds et sans interruption remonte à la

Loggia de Saint-Pierre pour servir la cène à treize prêtres; or, tout le monde veut voir la bénédiction, tout le monde a des billets pour le lavement des pieds et la cène auxquels ne peut assister qu'un tout petit nombre de privilégiés et d'élus. Les têtes fermentent, les pieds s'agitent, on se déchire et on se pousse, les billets au poing. Le temps se passe et la plupart des curieux s'en retournent bredouille.

J'ai entendu trois *Miserere* différents, étaient-ce ceux de Baï, Baïri et Allegri? Peut-être chantait-on ce dernier, le plus célèbre, le Jeudi-Saint, à la Sixtine, au moins la cohue des bavards a-t-elle fait un silence relatif au moment de l'exécution et je ne l'ai pas trop mal entendu de la porte de la Sixtine, où battu de la houle du matin et du roulis du soir, j'étais venu échouer.

En revanche, je n'ai presque rien pu comprendre à celui du Vendredi-Saint que j'avais eu la malencontreuse idée d'aller entendre au chapitre de Saint-Pierre, nos premières amours musicales. Le Vendredi-Saint, l'immense basilique était littéralement encombrée, les pénitents noirs, les pénitents blancs, les penitents roses venaient adorer les reliques. Les cardinaux faisaient aussi leur procession et leurs stations; la foule poussée par le vent de la curiosité et le caprice du moment se ruait en bruissant au plus prochain spectacle.

Le mercredi, mieux inspiré, et cédant à d'intelligents conseils, j'avais patiemment attendu à Saint-Jean-de-Latran l'heure du *Miserere*. Point de foule et surtout point de promeneurs ni de bavards.

Le *Miserere* commença avec le crépuscule. La chapelle alterne avec le chœur qui psalmodie un verset.

Le premier verset (dans les trois *Miserere* que j'ai entendus) commence par d'étranges et douloureuses plaintes d'un effet magique et un peu singulier. Il faut la supériorité de l'exécution pour en goûter le vagissement demi-sauvage. Cette supériorité est acquise sans conteste à la chapelle Sixtine, où les *soprani* font des merveilles d'agilité de voix. Ce sont des notes harmoniques de violon avec des trilles suraigus d'une ténuité et d'une pureté incroyables. Le critique craint le chat, le mélomane trouve le rossignol.

J'ai trop peu entendu le *Miserere* du chapitre de Saint-Pierre pour le comparer. La supériorité existe vraiment là dans le chant de la troisième lamentation à deux voix dont je n'ai malheureusement pu juger que comme d'un beau site à travers le brouillard. D'ailleurs là, le soprano est faible, tandis que le ténor aigu est supérieur.

L'exécution du *Miserere* de Saint-Jean-de-Latran est certainement inférieure aux deux autres ; mais je l'ai entendu si distinctement et si à l'aise, qu'il me laissera les plus profonds souvenirs. Que les simples amateurs de musique, sans parti pris, fassent comme moi ; qu'à pareille fête ils ferment les yeux, ouvrent les oreilles tout grandes et écoutent avec recueillement le *Tibi soli peccavi*, ils ouïront merveilles.

Le célèbre offertoire de Pâques est un admirable morceau dans lequel la chapelle papale déploie toutes les ressources de son incomparable exécution. Toutefois, Felice Anerio s'est un peu laissé entraîner à la fin par le brio italien, et je regretterai toujours de ne pas avoir pu mieux entendre le Motet de Palestrina, dont l'ampleur et la simplicité sont venues jusqu'à moi, si les élégances m'ont échappé.

Les progressistes parlent de faire à l'avenir toutes les *fonctions* à Saint-Pierre ; les *traditionnels* résistent. A Saint-Pierre comme à la Sixtine, ce qui manque, c'est l'ordre, et comme la liberté fait son profit de ce qui manque à l'ordre, il n'y a que demi-mal de ce côté ; l'important serait d'asseoir tout le monde. Le chuchotement des pieds est encore plus agaçant que celui des langues.

A propos d'ordre, le touriste impartial serait injuste s'il ne signalait le flegme des suisses et surtout l'intelligente surveillance des dragons qui règlent la préséance et la marche des voitures. Ce n'est pas petite affaire, je vous en réponds, et si les chevaux de fiacre n'étaient pas plus patients que les cochers, on verrait de belles culbutes.

Par exemple, ils n'ont pas eu de mal à contenir les curieux de l'illumination et du feu d'artifice. L'*intemperia* les a fait remettre à huit jours.

A huit jours aussi, cher ami et courtois lecteurs, plus sûrement que le feu d'artifice; il ne pleut pas dans mon encrier.

Gustave LE VAVASSEUR.

.

V

Es compagnons me raillent sur ma manie de déchiffrer toutes les inscriptions, et me laissent souvent seul, bayant aux murs, le crayon à la main.

Depuis que le gardien du Latran, obéissant plutôt j'imagine à une bouffée de zèle qu'à une consigne, m'a signifié qu'il était défendu de relever les inscriptions, je leur trouve un double intérêt, et je les cueille avec bien plus de plaisir. C'est du fruit défendu.

En voici quelques-unes au hasard :

Au Vatican, dans la galerie lapidaire, côté profane.

> Ac veluti formosa rosa et cùm tempore prodit,
>   Arescit certo tempore deindé suo,
> Sic tu cœpisti primo formossa Anna videri
>   Tempore; sed subitó desinis esse mea.
> Hoc stabilis tuus Ehiù! quo possum munere parvo
>   Prosequor, atque opto. Sit tibi terra levis.

La fin est banale, — c'est une formule. Mais Malherbe avait-il lu les quatre premiers vers, pour les si bien traduire?

J'ai parlé des vers barbares des catacombes de
Saint-Clément; Rome fourmille de leurs pareils.
Presque partout où il y a une vieille mosaïque et
Dieu sait s'il y en a d'intéressantes, — à Santa Maria
In Trastevere, à Sainte Constance, à Saints Cosme et
Damien, etc., etc., — on lit un exergue en vers de
la Décadence léonins ou rimés. Le Latran en est
plein. On en lit sur la plinthe de sa façade, sur les
murs de son cloitre; l'épitaphe de Sylvestre II (Ger-
bert) est ainsi faite. Malgré mon amour pour cette
rocailleuse latinité de la Décadence, je ne puis les
citer sans causer d'ennui. Elles sont d'ailleurs tout
au long dans les auteurs spéciaux.

Permettez-moi seulement de rappeler celle du
charmant cloitre de Saint-Paul-hors-les-Murs, que
j'ai relevée en foulant un peu les plates-bandes des
bons pères plus tolérants que le gardien du Latran.
Je me saurais mauvais gré d'avoir perdu ma peine.

La voici telle qu'elle est brodée en mosaïques po-
lychromes tout autour du cloitre sur la façade inté-
rieure :

Agmina sacra *regit* locus hic quem splendor honoRA (¹)
Hic studet atque *legit* Monachorum cœtus et oRAT
Claustrales *claudens* claustrum de CLAUDO vocaTUR
(In) Christo *gaudens* fratrum pia turba seraTUR.
Hoc opus *exteriùs* prœ cunctis pollet in uRBE,
Hic nitet *interiùs* monachalis regula tuRBOE;
Claustri per *girum* decus auro stat decoRATUM.
Materiam *mirum* prœcellit materiATUM.

(H)oc o(pus ar) te sud qu(em) Româ cardo beavit
Natus de capud Petrus olim primitiavit
Ardea quem genuit quibus Abbas vixit in annis
Cœtera disposuit benè provida dextra Johannis.

Je vous passe le *materiam mirum præcellet materiatum*. S'il n'y a pas d'expressions nobles, il y en a de simples. Virgile et les Virgiliens ont mieux dit en moins de mots : *materiem superabat opus*. Mais certes, les amplificateurs à prosodie régulière de la Décadence et de la Renaissance n'eussent jamais si bien et si simplement mentionné la part qui revient dans la gloire du travail à Pierre de Capoue et à Jean d'Ardée. Passez au bon moine versificateur, le *Claustrales Claudens*. Cette enfantine jonglerie de syllabes est à sa place sur les murs d'un cloître et l'allittération est toute monacale.

Ce qui me séduit dans les barbares latinisants, sinon barbarisants, c'est qu'ils ont bravement adopté la prosodie de Catulle et de Juvénal et pris comme leur bien

« La vieille liberté par *Horace* laissée. »

Ils se sont ainsi garés de la monotonie classique que Virgile a évitée à force de pureté, de douceur et de raison, mais qui, depuis Ovide jusqu'à Silius Italicus, a coulé dans toute l'antiquité comme un robinet d'eau tiède. Ils faisaient ce que nous faisons aujourd'hui en reprenant la manière de nos vieux poëtes, et, en essayant des combinaisons nouvelles de forme et de rhythme; ils rimaient à la césure et à la fin du vers, et, à défaut d'alexandrins, ils démembraient ce « grand niais » d'hexamètre, qui le valait bien.

Voilà pourquoi je les aime et les salue mes frères en latin et en français.

Sur un des côtés du même cloître, on lit :

Hoc specus excepit post aurea tecta Neronem
Nam vivum inferius se sepelire timet

Vous souvenez-vous de cette dernière nuit de Néron, si bien mise en scène par Ampère ?

« Pour atteindre la villa de Phaon, Néron, qui a mis pied à terre , s'enfonce à travers un fourré d'épines et un champ de roseaux, comme il s'en trouve tant dans la campagne de Rome ; il a peine à s'y frayer un chemin ; il arrive ainsi au mur de derrière de la villa. Près de là, était un de ces *antres* creusés pour l'extraction du sable volcanique appelé Pouzzolane, tels qu'on en voit encore de ce côté. Phaon engage le fugitif à s'y cacher ; il refuse. On fait un *trou* dans la muraille de la villa, par où il pénètre, marchant à quatre pieds, dans l'intérieur. Il entre dans une *petite salle* et se couche sur un lit formé d'un méchant matelas, sur lequel on avait jeté un vieux manteau. Ceux qui l'entourent le pressent de mourir (1). »

Sur la crête de l'antre, le bord du trou ou la porte

(1) Ampère. L'Empire romain à Rome, t. II, p. 66.

de la salle, on aurait pu mettre la susdite épitaphe;
mais comment, au lieu de se trouver à la villa de
Phaon ou Phaonte, à plus de trois milles de la porte
Pie, au nord-est, se trouve-t-elle à deux milles au
sud-ouest? Problème que je ne chercherai pas plus
à résoudre que l'énigme de l'épitaphe de la Domini-
caine de l'église de Sainte Sabine. *Grammatici certent*. Qui ne croit connaître l'emplacement exact de
la *Roma quadrata?* — Cependant, il n'est guères
de savant qui n'ait prétendu découvrir un pan du
fameux mur de Servius Tullius, et cela dans les
directions les plus opposées. Les jardins de Salluste
n'ont pas même, dit-on, été à l'abri des rêves des
antiquaires. Romulus s'établit-il sur le Capitole ou
sur le Palatin? Où était la ville de Tatius? Insolu-
bles et inextricables questions dans l'étude des-
quelles il ne faut point s'engager, sous peine de
prendre un parti violent dans une question futile.

J'ai parlé tout à l'heure de la porte Pie et des jardins de Salluste, dont les magnifiques cèdres-cy-
près de la villa Ludovisi rappellent l'emplacement et
les splendeurs. — J'ai cueilli dans les environs, non
pas une inscription, mais une anecdote. La fleu-
rette n'est point à dédaigner, même dans un bouquet d'antiquaire, qui sent toujours un peu l'herbo-
riste.

Jugez-en :

C'était en novembre 1867, les Romains avaient passé
par toutes les transes de la crainte de l'invasion, et

leurs libérateurs ordinaires étaient venus, comme on sait, les protéger encore une fois. Comme on le sait aussi, les manifestations en faveur du libérateur furent d'autant plus tapageuses que les craintes avaient été plus grandes. Ainsi que toujours d'ailleurs, car l'histoire se répète comme le calendrier, les plus compromis criaient le plus haut, et bien des gens agitaient des mouchoirs blancs qui en avaient des rouges dans leurs poches. Les Français entraient par la porte Pia, et une longue haie de curieux et d'enthousiastes les saluait de ses acclamations.

Une dame, d'un âge respectable, plus particulièrement nerveuse et démonstrative, criait en balbutiant, balbutiait en criant, riait en pleurant et pleurait en riant à travers les hoquets et les sanglots accentués de gestes passionnés. Le cri de : vivent les Français! fit jour et éclata comme une bombe dans son larynx ému. En ce moment passait à côté de la matrone romaine, un vieux *chargent* à trois chevrons et à quatre poils, il regarda la bonne dame à travers ses sourcils, porta la main à son képi, et lui dit dans ses moustaches : *ça y est, ma tante!*

Les historiens graves préfèrent peut-être le JAMAIS de M. Rouher, mais quelle bonne trouvaille pour les anecdotiers que le *ça y est* du *chargent* et quelle saveur pittoresque et littéraire y ajoute le fameux: *ma tante!*

Ça y est-il effectivement et pouvons-nous sans inquiétudes déchiffrer les vieilles inscriptions, nous

livrer aux joies sereines de l'étude et laisser charmer
nos yeux par le spectacle des pompes pacifiques?
n'y a-t-il pas dans l'ombre une harpie qui agite ses
ailes et vient gâter les plus délicieux mets de notre
festin? et le lion qui rôde dans la nuit, ne nous cher-
che-t-il pas toujours pour nous dévorer? La politique et la Révolution mangent de temps en temps
leurs gardiens et se jettent à belles dents sur les
spectateurs. Pour moi, je ne sais prédire ni le beau
temps ni la pluie, ni la paix ni la guerre; j'aime le
soleil et la paix et partout où j'en rencontre un
rayon, je m'y chauffe.

Je ne puis juger par comparaison l'enthousiasme
démonstratif des Romains. Dimanche dernier (4 avril)
il y avait chapelle papale à l'église de la Minerve.
C'est une fête annuelle et touchante dans laquelle le
Pape et les cardinaux dotent des jeunes filles pauvres. Le Pape parcourt presque toute la ville dans
son carrosse de gala; son équipage est magnifique,
un porte-croix monté sur une mule blanche le précède, des postillons poudrés conduisent les six chevaux de sa voiture, splendide ouvrage d'art, éclatant
de dorures et rehaussé de peintures ; c'est pompeux
et de bon goût ; l'ordonnance de la marche ou de la
procession est à la fois grande et familière ; les rues
sont sablées et jonchées de fleurs, les maisons pa-
voisées. Devant le séminaire français où j'étais placé,
les acclamations ont été vives; c'était tout naturel et
j'ai vu distinctement un charmant sourire errer sur

les lèvres de Pie IX, quand il s'est tourné vers nous pour nous bénir. Les vivats ont redoublé sur la place de la Minerve, et n'ont pas fait défaut au retour. Mais je croyais à plus d'émotion populaire, tout est coutume même dans les manifestations de la joie et de la douleur ; j'ai ouï dire que le privilège des acclamations était surtout dévolu aux étrangers, et j'ai pu juger par moi-même de la vérité de l'assertion le dimanche de Pâques à la bénédiction après laquelle, du côté de la place où je me trouvais, les vivats ! ont été littéralement couverts par les *hurrah !*

Si ce que l'on m'a rapporté de l'audience de samedi est véridique, les étrangers ont largement joui de leur droit d'admiration expansive. L'audience était composée de Français et d'Allemands. La furie des Français est montée à l'audience comme à l'assaut et a accueilli le Saint-Père par une formidable explosion de vivats plus conforme peut-être aux besoins du cœur qu'à l'étiquette. Les Allemands, surpris d'abord, et croyant presque à une attaque, se consultèrent résolument, puis se mêlèrent bruyamment à la manifestation, quand ils en eurent compris le sens.

Profondément ému et touché, le Saint-Père aurait laissé se calmer l'effervescence et aurait dit : « Mes « enfants, je vois que vous m'aimez et je vous en « remercie, j'aime à être aimé et j'ai besoin d'être « aimé. Je suis et je serai jusqu'à la mort, le repré-

« sentant de la justice, défendant le droit et la vérité
« et repoussant la prétendue légitimité des faits
« accomplis.

Je ne puis donner ces paroles comme les ayant
entendues. La lettre s'est probablement modifiée en
passant par la bouche du narrateur et par ma plume,
mais je n'en connais pas dont l'esprit soit plus simple et plus grand et mieux rehaussé par les circons-
tances.

L'enthousiasme des Romains va se manifester et
se manifeste déjà autrement que par des acclamations stériles. Tout se prépare pour le jubilé de la
cinquantaine ; les échafaudages destinés aux illumi-
nations se dressent de toutes parts. L'église de la Minerve, dans laquelle on retrouve quelques traces de
l'art ogival est ornée d'un portique en menuiserie du
même style. L'obélisque de la Trinité-du-Mont est
habillé de bois, en attendant qu'il soit vêtu de feu.
Le flot des étrangers qui s'est précipité sur Naples à
la chimérique poursuite du beau temps va refluer ici
et la cohue du 12 sera peut-être plus houleuse encore que celle du jour de Pâques. En attendant les
cadeaux arrivent au Vatican. Les journaux de France
mentionnent les riches dons de l'univers catholique ; il n'est pas juste d'oublier les petits. Les corporations de Rome font aussi leurs cadeaux. Ce sont
les bergers à côté des Mages ; les meuniers ont envoyé leur farine dans des sacs de deux couleurs, —
blanche et jaune, — les couleurs du Pape ; — les

confiseurs ont confectionné des rosaires en sucre
avec des grains gros comme des œufs ; — les cha-
peliers ont offert tout simplement des chapeaux ; —
les jardiniers arrivent avec des fleurs, — les plus
simples, les cultivateurs de la campagne viennent à
la file, « de leurs champs dans leurs mains portant
les nouveaux fruits » et leur modeste offrande est
aussi bien reçue que la plus riche.

Ces corporations à Rome sont peut-être florissan-
tes, mais à coup sûr elles sont intelligentes. Elles
ont fait bâtir et entretiennent l'église de Santa Maria del l'Orto dans le Trastevere et l'élégance de leur
chapelle rendrait des points à la bonbonnière de Ma-
derne, Santa Maria della Vittoria, malgré les fresques du Dominiquin et la Sainte Thérèse du Bernin.
Il est vrai que ceux qui la bâtirent s'adressèrent à
un artiste qui, pour ne pas faire son principal métier
de l'architecture, s'y connaissait un peu,— Jules Romain. On y enterre toujours les membres des corporations et l'église est aussi splendide qu'au premier
jour — pas si bête pour des marchands de volailles,
des charcutiers, des vermicelliers, des savetiers, des
fabricants de fromage et des hortillons.

Je vous dirai la semaine prochaine ce qu'aura été
cette fête du 12, soumise ici plus qu'ailleurs à l'éta-
de l'atmosphère. Il fait beau depuis hier (7 avril),
mais il a plu le 4 hélas ! à telle preuve que la foire
de Grotta Ferrata a été trempée toute la soirée, et il
paraît que le 4 avril est le Saint Médard des Romains.

Ce n'est pas seulement la manie de déchiffrer les inscriptions qui peut être fatale en ce pays à l'antiquaire obstiné.

Le samedi 3 avril, nous sommes allés visiter les deux lacs de la campagne de Rome, — le pittoresque et charmant petit lac de Némi et le lac d'Albano, sur lequel s'étendait autrefois Albe-la-Longue et dont les eaux baignent aujourd'hui le pied de Castelgandolfo, résidence d'été des Papes. Près du lac de Némi, dans un petit village rempli d'immondices, aux murs duquel pendaient pittoresquement les loques les plus étranges et les plus sales, j'aperçus, bijou rare et précieux en Italie, à la façade d'un taudis, une petite fenêtre ogivale avec des restes de meneaux, une colonnette élégante presque complète, un appui bien conservé et quelques encadrements de pierre épars dans l'appareil. Je suis de ces coqs qui ne dédaignent pas les perles et, malgré ma maladresse insigne, je tirai mon fidèle calepin et je me mis en devoir de faire subir à la charmante fenêtre l'outrage d'une reproduction de ma façon.

Je n'avais pas donné le second coup de crayon qu'une nuée d'enfants pareils à des ramoneurs sans ouvrage m'entourait en me demandant l'aumône. Si les baïoques descendaient du Ciel, il en serait tombé un déluge, tant ils criaient. Les sabouleux du pays pareils à des Choucas, accouraient au pépiage des moineaux qui me traitaient en hibou. Un grand garçon de treize à quatorze ans baragouinait en son

6

langage que je lui devais un tribut pour dessiner sa
maison ; il me menaçait de la *Padrona di Casa* qui
en effet apparut à la fenêtre en rudoyant du poing
un vieux contrevent qui n'en pouvait mais ; une fil-
lette de quinze ans, à l'œil sauvage et hardi, me regardait sous le nez par dessus l'épaule et voyant que
j'allais plier mon portefeuille et emporter mon informe dessin, criait au larron. Les mégères sortaient
de dessous les pavés fangeux et comme dans la Cour
des Miracles, piaillaient sur tous les tons en demandant la charité.

Le scène, qui avait commencé par me divertir,
finissait par m'étourdir, lorsque mon compagnon
ordinaire, le bon P. D..., s'approcha en riant, et,
tirant de sa poche un mezzo-baioque (2 liards), le fit
voir à la marmaille et le lança au loin dans la poussière un peu humide. Je dois dire que les femmes ne
prirent point part à la lutte. Elles disparurent, je ne
sais comment, et toute la marmaille se rua à la conquête de la toison d'or, comme jeunes chiens à la curée.

— Comment appelez-vous ce village ? dis-je à mon
compagnon, pendant le combat dont on entendait le
fourmillement.

— Genzano.

— Genzano ! parbleu, le nom est bon à noter.

Et, ouvrant le Guide-Robello, je lus :

Genzano, *fort propre*, située en bon air et produi-
sant des vins estimés.

Ses habitants sont d'une beauté extraordinaire et

vivent dans une certaine aisance. Les MENDIANTS Y SONT ASSEZ RARES, — fait à noter pour une ville des Etats pontificaux. Farceurs de guides! encore est-ce Robello qui le dit. Si c'était du Pays! lui qui, à défaut de la qualité, a une nuance de la couleur de l'esprit de Voltaire! mais l'autre! cette fois-ci, il a du Voltaire dans la couleur locale.

Du reste, la mendicité romaine, dont on fait un monstre hideux et constamment piaillard, n'est guères plus grouillante, plus nombreuse et plus importune que celle de certaines villes de France que je ne veux pas nommer. La mendicité des campagnes est semblable à celle de quelques-uns de nos villages, il y a vingt ans. Les enfants courent après les voitures, s'obstinent dans les montées et se battent pour un sou. Quand il y a espoir de curée, grands et petits accourent à la largesse. Nous avons vu cela jadis chez nous. Le premier qui tend la main est poussé par l'excès de la misère; un moins pauvre s'encourage à l'exemple; les hypocrites suivent à la file; les menteurs aboient plus fort que les autres : c'est l'histoire de tous les mendiants, qu'ils demandent de l'argent, des honneurs ou des places.

Je ne crois pas qu'on arrive jamais à abolir toutes les mendicités, — ce serait la perfection à laquelle il est interdit de parvenir. Il est toutefois ordonné d'y tendre, et nul ne peut contester que, de son vrai nom, cette tendance ne s'appelle le progrès.

Gustave LE VAVASSEUR.

VI

L E beau temps est arrivé. Rome et les Romains sont en liesse. Les fêtes sont commencées et elles dureront trois jours.

Je laisse aux journaux de France, l'énumération des cadeaux princiers et populaires envoyés par l'Europe à Pie IX pour sa cinquantaine. J'avais commencé à vous en indiquer le côté patriarcal. Je parlais par ouï dire, aujourd'hui mon énumération sera un peu plus longue et je parle de *visu*.

Tout autour de la cour Saint Damase est une sorte d'exhibition semblable à celle d'un comice agricole. Ce sont les présents envoyés au Pape par les habitants de la campagne, les *chauchiards* (1), comme on dit à Rome.

(1) Bien que guêtres et houseaux n'aient pas en Italien un nom ressemblant au Français *chausses* que l'on traduit par *bracche* c'est, dit-on, à cause de leurs chausses ou guêtres de cuir que les Romains appellent les paysans *chauchiards*. Il y aurait moins loin à aller chercher en Italien *cocchieri*, cocher, *coccia*, coquille ou *cuccio*, têt de pot. — *Grammatici certent*.

Mentana a envoyé du grain, Orte de l'albâtre, San-
Vito de l'huile, Grotta-Ferrata du vin et des cartes
à jouer, Marino du muscat blanc, Vallerino des cierges, Corneto et la Tolfa des vases étrusques, Tivoli
des meubles, du papier, des étoffes, des échantillons
de marbres et de laine, l'association des marbriers
(Universita de' Marmisti) une charmante colonne sur-
montée de la statue de Saint Pierre, Valentano des
fromages, les Bénédictines de Subiaco une surprise,
Girano des soies, Nérola de l'huile, Monte-Flavio des
cages d'oiseaux, Palestrina de la dinanderie et des
chapeaux, apportés peut-être par ces musiciens gracieusement envoyés aux frais de la commune pour
donner une sérénade lundi soir sur la place Saint
Marc, tranformée en jardin allégorique (concerto di
Palestrina graziosamente inviato a spese del comune).

Subiaco a offert des cartes à jouer et des gâteaux,
Bracciano du beurre, du miel et de l'huile, Ronciglione
des outils et des articles de taillanderie, Sogni des
amphores en fer blanc, Cave une table en marbre,
Bagnaïa du vin rouge mousseux, Carbognano du vin
et des avelines, Frascati du vin et de l'huile, Bagnorea
son *santo*, Montefiascone son fameux muscat dont
l'étiquette ressemble à une rose des vents et n'est
pourtant, paraît-il, qu'une triple affirmation (1).

(1) Il n'est pas probable que j'aille exprès à Montefiascone
pour vérifier l'épitaphe de Jean Fugger ; à ceux qui me de-
manderont si j'ai goûté du Montefiascone et si je l'ai trouvé

Velletri, Marino, Terracine, Gallese, Genzano, Colonna ont envoyé leurs vins et leurs huiles, Sezze, Cisterna, Garignano, Satri, Montorio et l'abbate de San-Pietro et San Stefano leurs huiles et surtout leurs céréales, Monte-Rotondo a paré ses sacs et décoré ses fûts avec moins de style que Raphaël peignant la Vierge-à-la-Chaise, mais avec une couleur plus éclatante et une bonne volonté au moins égale.

L'huile est, dit-on, chère et rare cette année ; aussi cette sorte de cadeau ne fait-elle pas défaut. Aux communes que j'ai désignées il faut joindre Anguillata, Monticelli et plusieurs autres. Montorio offre des moutons, Castelgandolfo, Canterano, Ceretto, Palombara ont envoyé des fleurs et des fruits. Si Cervara n'en produit pas avec autant d'abondance elle les imite en sucre. Piperno a ses artichauts et les marchands de fruits de la place Navone ont rempli une modeste corbeille, accompagnée et rehaussée d'un madrigal à la Romaine que j'ai lu et copié, mais que je n'ose traduire, de peur de me tromper. Les inscriptions latines et italiennes abondent sur les arcs de triomphe et les allégories dédicatoires, et elles ne me semblent pas briller par la simplicité et

bon, je répondrai comme le chanoine et son domestique : est, est, est. Oui, oui, oui. Seulement, c'est une potion musquée et pas du vin. Rouge ou blanc, la première qualité du vin est d'être franc de goût. L'Orviéto ne se laisse boire que parce qu'il ressemble à du cidre.

la clarté. Si je trouve une violette parmi les roses, je la cueillerai pour vous et je vous l'enverrai.

A la seconde travée, à droite de l'escalier par lequel on monte aux appartements particuliers du pape, je lis sur une douzaine de pièces de toile fine : *Universita Idsraëletica di Roma* ; c'est le cadeau des juifs. Je suis allé au Ghetto. La synagogue est bordée de lampions et de verres de couleur ; les rues sombres flamboieront peut-être dans la nuit de lundi, et le palais Cenci, grâce à sa caserne de zouaves, perdra un peu de son aspect maudit et désolé. Les papes ont toujours été les pères temporels de leur petite tribu d'Israël. La tolérance a de bien autres tendresses que la liberté de conscience.

5 heures, — Une foule immense remplit la place Saint-Jean-de-Latran. Les voitures cardinalices, les équipages princiers, les voitures au mois et les simples *legni* de place soulèvent cette poussière que les badauds et les poëtes humaient déjà au temps d'Horace. Les curieux font la haie sur le passage du pape qui doit traverser toute la ville et venir assister au salut qui est comme le souhait sacré de fête fait de veille par le chapitre de l'Eglise mère au père de toutes les Eglises. Le pape se fait un peu attendre. Il s'est arrêté un moment devant les offrandes des paysans et des juifs. Il a été attendri jusqu'au fond du cœur. La goutte d'eau a rempli le vase jusqu'aux bords. A cinq heures et demie, le pontife paraît. A dessein ou par inadvertance, le cocher

passe entre le peuple et les soldats en déroute. Le pape et les cardinaux entrent dans une aimable confusion, qui blesse un peu la discipline du cortége, mais ravit le flot populaire. La chapelle commence un admirable motet, gai, enlevé, triomphal, exécuté avec la plus rare et la plus entraînante perfection. Puis ce sont des litanies. Chapelle et peuple chantent ensemble. Le pape, au diapazon musical de l'ensemble, dit un *oremus*, avec sa grande et harmonieuse voix encore flexible, puis entonne solennellement le *Te Deum*, que la chapelle continue avec toutes ses ressources musicales : la composition et l'exécution, sont à la hauteur du chant de triomphe.

Ce ne sont plus les chantres qui répondent et psalmodient comme de coutume le verset alterné, c'est la foule tout entière qui crie et nazille un peu, mais qui crie et nazille juste en sa qualité d'italienne. Il y a là un *Sanctus* et un *Patrem, immensæ Majestatis* qui touchent la note héroïque d'une façon plus victorieuse que les *crescendiles* plus célèbres; il y a un *Gloria patri* qui s'envole en tourbillons dans le troisième ciel, comme les apothéoses du P. Pozzi. Mais quand le pape entonne *Te Deum laudamus*, et que la chapelle a achevé le verset : *Te Dominum confitemur*, l'explosion du peuple répondant : *Te æternum patrem, omnis terra veneratur*, a si bien l'air de s'adresser à son vénérable pontife, que le cœur vous tressaute dans la poitrine. Nulle musique

héroïque ou savante ne peut développer cette inten-
sité de sentiment.

8 heures. — La coupole est illuminée; le feu va
changer... J'ai beau courir comme le lièvre et brûler le pavé, le feu change pendant que nous sommes
dans une rue sombre et nous arrivons en pleine flo-
raison de la seconde illumination. Trop tard, dit-on
ici, et notre cocher est de cet avis. C'est fini, dirait-
il volontiers et la place est quasi déserte. — Tant
mieux! j'aime les dédaignés et je m'obstine à croire
que ce n'est point sans raison qu'on a changé un
feu pour un autre. Le changement est curieux pour
les admirateurs des tours d'adresse qui préfèrent un
changement à vue à un beau décor et les *Pilules du
Diable* à *Athalie*. Mais le second feu doit être plus
beau que le premier. Celui-ci peut avoir ses partisans, qui prônent bien haut sa régularité et l'adresse
géométrique avec laquelle il suit et ponctue tous les
détails d'architecture, soit. J'estime justement à cause
de sa largeur d'exécution et de son indépendance
linéaire, la seconde illumination de la coupole de
Saint Pierre, dont, comme toujours, les récits et les
fac-simile ne donnent aucune idée juste. L'illumination des colonnades est peut-être nécessaire comme
accessoire, mais elle disparaît complètement et doit
en effet disparaître devant celle de la coupole. — -
Les nervures du dôme semblent des cordons de
perles fines et égales en grosseur, aboutissant à une
croix latine de diamants et de pierres précieuses,

Les feux scintillant à travers les lucarnes ont des reflets et des chatoiements 'lapidaires qui ajoutent à l'illusion. La coupole a l'air d'une gigantesque tiare fulgurante et constellée. Il a fallu autant de goût que de savoir pour combiner une pareille ordonnance. C'est de la bijouterie grandiose dont l'éclat vous ravit sans vous aveugler.

Dimanche 11 avril.

7 Heures 1/2 du matin. — Splendide matinée, pas un nuage au Ciel. Le Pape doit dire sa messe de cinquantai ` à l'autel de la Confession-de-St-Pierre. La foule encombre littéralement l'immense basilique. C'est bien autre chose que le jour de Pâques. Si le vaisseau contient 60,000 personnes (54,000 suivant le guide du Pays), il y en a bien 30,000 rassemblées. Toute l'Italie est là. Les légations ont envoyé leurs députés, Bologne en tête. Si ce qu'on rapporte est vrai, les Bolonais sont venus protester de leur repentir et offrir au Pape 200 zouaves indigènes dont il a dû ajourner à des temps meilleurs le glorieux enrôlement; on dit que plusieurs se sont écriés en voyant Pie IX : voilà notre roi. Ils ont raison, et cela se conçoit; légitimité à part, sentiment que n'ont pas les peuples légers, il faut aux gouvernés de monarchie un roi qu'ils puissent aimer et estimer. Il ne suffit pas d'être un usurpateur débonnaire et un

galant homme. Un peu de sainteté n'est pas de trop
sur le trône et l'auréole double la couronne. Les Bolonais ont raison, c'est Pie IX qui est leur roi et non
pas l'autre.

Les Romagnols ne sont pas seuls ici, le soleil a
aussi fait éclore les Romains. Les paysannes ont fait
leur toilette ; St-Pierre est habillé de pied en cap,
chappe au dos, tiare en tête. Il est flanqué de deux
bouquets de camelias blancs et rouges, pensées et
violettes qui me semblent grands comme des roues
de moulin et qui doivent égaler au moins en circon-
férence le zodiaque de Dendérah. La cohue s'agite ;
se pousse, fourmille et frétille dans tous les sens ;
comme toutes les cohues italiennes dans l'église ou
dans la rue, elle atteint les limites du désordre et du
sans gêne. Ce serait à regretter d'être venu, si la
retraite était possible et si l'admirable chapelle
papale ne se surpassait pour la fête. Le *miserere* de
la Sixtine est moins franchement beau et moins vic-
torieusement enlevé que cette messe triomphale.
Jamais meilleure exécution de plus belle musique
n'a consolé un pauvre naufragé ballotté dans les flots
malpropres d'une foule incivile et tumultueuse. (1)

_____

(1) Les Romains ont tant de laisser-aller qu'ils allumeront
bientôt leurs cigarettes dans les églises. Il n'y a plus que là
qu'ils s'en privent ; partout ailleurs, en chemin de fer, dans
les tribunes d'attente, ils tettent d'abominables fumerons le
chapeau sur la tête.

Les basses font merveilles. Les ténors chantent à miracle et Mustapha égrène l'une après l'autre les perles de son chapelet de cristal..... Serais-je passé dilettante? parti pauvre musicien, théorisant à la diable et au jour le jour, reviendrai-je amateur enragé et toqué? — Ceux que j'ai envoyés entendre cette musique du chapitre de St-Pierre, à propos de laquelle je vous fis une si belle fugue dans ma première lettre, n'ont pas tous été satisfaits. C'est qu'ils n'assistaient pas aux premières vêpres de l'Annonciation l'autre dimanche ou que j'ai un singulier mirliton dans l'oreille. Va pour le mirliton! une toquade est une source de jouissances et quand la toquade est innocente, tout est pour le mieux. Dieu bénisse la toquade et le toqué !

Dix heures du soir. — Toqué! décidément, je dois l'être. Le feu d'artifice m'a laissé froid. — Une cascade superbe, des feux de bengale magnifiques, une pluie d'or d'un bel effet, mais du décousu dans les manœuvres, la plus belle pièce flambée la première et pas de bouquet. Pas de bouquet! ici Paris l'emporte sur Rome, mais vive la musique de la légion ! Il y a là un ensemble d'instruments Sax et une clarinette solo qui consolent des petits déboires de la girandole et du pied de grue fait pendant une heure pour attendre sa voiture sur la place Santa-Maria in Trastevère.

Presque toutes les rues sont illuminées. Le Corso est radieux, la place Colonna flamboie, la façade du cer-

cle militaire est aussi brillante que la principale
pièce du feu d'artifice de St-Pierre in Montorio. Si
le programme tient partout ses promesses de la
même façon, à demain la féerie.

Lundi 12 avril.

Passim. Dans la journée. — La ruche festoyante
bourdonne, prépare ses lanternes et accroche ses
lampions. Elle est plus satisfaite que bruyante, plus
joyeuse qu'expansive, pas un cri inutile ou nerveux,
pas une gaminerie comme à Paris, tout cela fatigue
le corps et l'esprit. Le Pape s'en va à dix heures du
matin, dans un quartier populaire, à deux pas de la
Poissonnerie et du Ghetto, visiter les orphelins dont
il a été sept ans l'aumônier et la petite église de
Santa-Anna dans laquelle il a dit sa première messe
le 11 avril 1819; on l'acclame à son départ et sur son
passage, on s'étouffe par redoublement dans la petite rue Santa Anna ; on le vénère, on se met à genoux ou on s'incline ; les paysans et les femmes du
peuple acclament; le caractère général de la fête est
le calme et la joie. Ce caractère ne se démentira ni
devant la revue étincelante des troupes à la villa
Borghèse, ni devant les merveilles des feux de Bengale. De la soirée je n'ai pas entendu un seul Ohé
parmi les descendants des adorateurs de Bacchus
qui jurent encore par leur ancienne divinité.

Détail plus moral, ils ne fêtent plus guères la
divinité des Pampres. Je n'ai pas rencontré un seul

homme ivre dans la journée. Les cabarets étaient fort hantés, mais les buveurs n'y faisaient vraisemblablement pas de longs séjours. La fête était dehors. Les Romains, moins bruyants, moins gamins que les Parisiens, seraient-ils aussi moins légers? Auraient-ils un attachement inaltérable et profond pour celui qu'ils fêtent ou sont-ils prêts à le trahir? — ni l'un ni l'autre sans doute. Le sentiment le plus apparent est le respect d'un moment pour un saint couronné, — c'est aussi le plus humain et le plus vrai. Il est naturel et bon en soi ; s'il est passager, accueillons-le à son passage.

Le peuple Romain a une manie invétérée, incurable et constitutionnelle qui doit dater du temps des Césars et des pompes de la voie triomphale, — regarder passer, attendre quelque chose quelque part, et faire la haie sont ses suprêmes bonheurs et les signes particuliers de sa joie intime ; il se groupe en dialoguant et se range en se pressant ; il attend, bouche béante, bouscule ses voisins, les encense de ses fumerons, nargue les gendarmes qui le gourment. Qu'attend-il ? — Il attend une heure avant la première voiture ou le premier soldat ; il est là patient et comme mijottant dans sa curiosité ; une heure après, on l'y retrouve confit. Attendre à Rome est le seul secret pour voir quelque chose. Appuyez-vous sur le chambranle d'une porte close deux heures avant son ouverture, vous ne serez pas le premier,

mais le stylite qui vous a précédé se console et s'obstine, il entrera avant vous et choisira sa place.
Vous rendez ce sentiment à celui qui vous succède,
et ainsi la foule se grossit et tient bon. Le premier
venu ne tiendrait pas longtemps si le second n'arri-
vait pas vite. Il y a toujours à la queue des déclassés
qui s'agitent, se haussent sur la plante des pieds pour
apercevoir la terre promise dans laquelle ils n'entre-
ront pas ; ils resteront à la porte, loin de la porte,
n'entendront ni ne verront, mais ils resteront jusqu'à la fin et leur déconvenue ne sera pas la moindre satisfaction des privilégiés et des élus.

Dans toutes les foules les hommes viennent pour
voir. Et les femmes, toujours en majorité ? — Les
femmes n'ont pas changé depuis Ovide :

> Spectatum veniunt, veniunt spectentur ut ipsæ.
> Plaisir de voir vaut-il le bonheur d'être vue ?

C'est aux femmes à répondre : si je pouvais inter-
roger quelqu'un sur ce sujet, je m'adresserais à mes
deux voisines, véritable échantillon des splendeurs
à la fois civilisées et sauvages de la femme Romaine.

Pieds trop grands dans des souliers trop larges,
jupons éclatants, tabliers tranchants, corsets ou plu-
tot carcans de carton couleur de soleil, fichus couleur d'étoiles, un arc-en-ciel qui marche voilé ou
drapé d'un immense peplum de guipure, bagues à
tous les doigts, rivière et cascade d'or sur la gorge
un peu découverte, buste en avant, assis carrément

sur les hanches, formes opulentes, encolure puissante, visage régulier, dents splendides, teint admirable, beaux yeux sans éclairs, chevelure luxu-
riante rebelle à la tresse et au peigne, sans autre ornement qu'une brochette d'argent poignardant le
chignon ; plus de mise en scène que de coquetterie,
pose sculpturale, plus de Junon que de Vénus ou de
Diane, toutes les splendeurs de la femme, — moins
le charme ; toutes ses beautés, moins une, — la mo-
destie. Tout de la rose, rien de la violette.

Telles sont mes deux voisines ; la foule est ponc-
tuée de bigarrures blanches, bleues, rouges, roses
et vertes qui doivent leur ressembler.

2 heures et demie. — La villa Borghèse est pleine
comme Saint-Pierre l'était la veille. Les curieux effarés s'échappent dans les massifs par petites bandes
ou isolément comme des poulets effrayés. Le soleil
darde, la poussière tourbillonne. La revue et le défilé vont commencer. On grimpe sur les murs et
dans les arbres.—Une petite émotion. Un maladroit
ou un distrait s'est perché sur le bord d'un bassin,
le pied lui manque et il prend un bain. On le retire
pâle et confus, limoneux et vert comme le dieu du
Tibre. A Paris, on l'aurait berné et noyé par surcroit
sous une pluie de quolibets. Il a l'air si malheureux
qu'on le laisse aller en s'écartant sur son passage,
bien qu'un homme dans cette circonstance ait moins
d'instinct que le chien qui se secoue et vous écla-
bousse.

7

L'Italien est prudent. Le petit mur est abandonné.
J'y grimpe et me trouve face à face avec le général
Kanzler. Le défilé commence.

Il n'a rien de remarquable que son entrain entretenu
et excité par les différentes musiques, particulièrement celle des Zouaves. Son pas redoublé est un
chef-d'œuvre de juvénilité et de bonne humeur.

5 heures. — Le Pape va à Sainte-Agnès-hors-les-
Murs pour la tonte des agneaux blancs et en mémoire de l'accident dont il faillit être victime, il y a
quelques années à pareil jour, lors de la chute d'un
plancher. Il sourit toujours et bénit toujours. En
montant au Quirinal, vis-à-vis de l'église Saint-
Sylvestre, un pauvre homme tend les bras vers la
voiture et présente un placet à un des dragons de
l'escorte ; le dragon le reçoit avec empressement et
le porte immédiatement au Saint-Père.

7 heures et demie. — La ville éternelle s'allume ;
c'est la vraie fête, la grande joie, le bouquet. Grâce à
la bonne voiture et à la courtoisie habituelle de notre aimable et excellente compagne de voyage, nous
sommes sur la place Saint-Pierre avant le retour du
pape. Nous attendons, à l'italienne, mais en voiture
et commodément assis. Le Borgo nuovo s'illumine
peu à peu ; des étoiles électriques scintillent ça et là
aux fenêtres de la place Rusticucci ; la façade de
Saint-Pierre est dans une obscurité relative. Tout à
coup une rumeur lointaine s'accentue dans le fourmillement, comme le courant d'un fleuve dans une

mer paisible. Des fusées éclatent en semant leur
pluie d'or ; le canon gronde ; le carillon s'ébranle ; le
Saint-Père arrive. Des feux de bengale s'allument
soudain dans les colonades et sur toute la façade de
Saint-Pierre. L'effet est magique et ne peut se rendre
par des paroles. Le Saint-Père arrive dans l'obcurité,
un peu embarrassé dans les voitures et dans les piétons. Cette fois, l'effet est irrésistible, l'acclamation
immense. Le Saint-Père rentre ; voitures et piétons
s'acheminent dans la ville vers les points signalés à
leur curiosité dans un programme pompeux, vendu
depuis quelques jours sur toutes les places et dans
tous les carrefours.

Il y a bien un peu d'emphase dans les inscriptions (1) et d'enfantillage dans certains tableaux ;
une géographie de cirque olympique représente
l'Amérique venant au Concile œcuménique en pé-
ruvienne des Incas, accompagnée d'un léopard,
et l'Océanie en Diane chasseresse, café au lait, le
pied sur un ours ; mais ces petites fautes d'orthographe disparaissent dans l'ensemble de la composition. Rien de plus grandiose que la fontaine du
Bernin de la place Navone, éclairée aux feux de
bengale ; rien de mieux réussi que le portique de
l'église de la Minerve et la façade du Cercle mili-

(1) Je lis sur un des ifs de la Piazza Madama, décorée
d'ailleurs avec un goût parfait : *La tua vita, o l'io e vita et
prosperita al tuo popolo.* C'est simple et vrai et cela se traduit
seul. Ai-je trouvé la violette espérée et promise ?

taire de la place Colonne; rien de plus élégant que l'escalier et l'obélisque de la Trinité-du-Mont; rien de plus gracieux que la décoration de la Piazza Madama.

Mais les voitures vont lentement, le temps se passe et l'huile brûle. Il est dix heures et les lignes de feu des obélisques sont déjà interrompues par des lampions éteints. Seule, la musique fait rage; la légion souffle de tous ses poumons, et avec des lèvres de fer, dans ses saxophones, sur la place Colonne. Les fanfares éclatent sur tous les points, et quelques pétards, chargés à triple poudre, accentuent les fanfares.

11 heures et demie. — Le bruit de la rue semble s'apaiser. Les deux lampions de ma fenêtre ont rendu leur dernier soupir. Je vais me coucher.

Diables de zouaves! une fanfare passé minuit, et quelle verve! C'est superbe, assurément; j'aime la musique, et en particulier la vôtre.

Mais celle-ci passe un peu les bornes que j'y mets; heureusement c'est la dernière.

Bonsoir, messieurs.

Felice notte, ami lecteur.

Gustave LE VAVASSEUR.

VII

u moins, ne serai-je pas banal, en vous parlant des enchantements du ciel bleu de Naples et des voluptueuses douceurs de son climat.

Depuis trois jours, il y pleut à verse, et il y vente frais.

La mer tyrrhénéenne ronge en grondant le château de l'Œuf et crache à la figure des promeneurs de la Chiaja ; elle est de toutes les couleurs comme une mégère irritée, noire, verdâtre ou brune, ou même violette, suivant le reflet du nuage, ou le prisme de la brume, très-fugitivement et jamais franchement bleue; miroir du firmament, elle en reproduit fidèlement la face sombre et agitée.

Depuis deux nuits, le vent siffle, le tonnerre gronde et la tempête se déchaîne sur les rivages aimés des poëtes.

Quelles raffales, et surtout quelles averses !

C'est en voyant tomber une nuit comme celles-là sans doute, que le doux Virgile, entendant de sa

chère Pausilippe, l'accès de colère des flots, trouva
son fameux *Occano nox*, et assujétissant la barre de
sa porte, écrivit tout d'une haleine l'égoïste et charmant *Suave mari magno*.

Par une nuit semblable, Horace à Baïes oubliant
les douceurs aimables de son golfe chéri, regardait la mer furieuse et se vengeait de son repos
troublé par le fameux : *Illi robur et œs triplex*.

Horace est plus compatissant que Virgile : celui-
ci devait être seul à Pausilippe ; le sensible et facile
Flaccus avait peut-être emmené ou trouvé aux bains
de mer Lydie ou Lalagé.

Poëtes charmants et doux, dont j'entrevois dans la
brume les demeures favorites, vous étiez chez vous;
vous pouviez prendre patience et attendre le retour
du printemps, *gratam vicem veris et favoni*.

Vous pouviez même en chanter d'avance les douceurs, en attendant qu'il vous plût de les faire croire
éternelles.

Je vous envie et comme vous, j'hivernerais volontiers au milieu des splendeurs du golfe Parthénopéen,
si j'y avais mon *sweet home*, ou du moins un abri.

Mais je suis à Naples, à l'auberge ; j'ai déjà été
trempé trois fois jusqu'aux moëlles et je ne puis attendre le retour du beau temps.

Il me faut regarder dans la rue sous le champi-
gnon de mon parapluie, les pieds dans l'eau, les cou-
des dans la foule et le dos dans les voitures.

Mes seuls refuges sont les églises, ouvertes à leurs

heures comme celles de Rome, moins facilement peut-être, et le Musée, celui-là, régulièrement et tout grand ouvert, et discrètement hanté.

Je ne sais si les Napolitains se reposent les jours de soleil ; mais les jours de pluie, les rues de Naples sont peuplées, animées, grouillantes et fourmillantes. Dès le matin on va, on vient, on s'accoste, on se gare ; personne ne flâne, chacun a sa physionomie particulière, mais il y a des caractères généraux ; tout le monde a l'air affairé, personne n'a l'air grave; c'est le contraire de Rome. Beaucoup plus de guenilles qu'à Rome. Certaines ruelles donnant sur le quai de Sainte-Lucie ont l'air de poulaillers avec leur enchevêtrement de balcons de bois et de perches où sèchent lambeaux et haillons (par un temps pareil !) Les enfants qui pullulent, pépient, barbottent et grouillent dans le ruisseau, ne sont guères plus vêtus ni plus propres que des poussins ou des canetons s'ébattant dans une basse-cour. Le pavé de lave qui fait de toutes les rues un trottoir continu est d'ailleurs moins sale en temps de pluie que celui de toute autre ville. A Naples, le piéton se crotte moins qu'ailleurs, mais en revanche il y est plus fréquemment et plus vilainement éclaboussé qu'en aucune autre ville du monde.

Rien de plus déguenillé, de plus dépenaillé, de plus âpre à amorcer la pratique, de plus vivant que le cocher Napolitain. Je crois qu'il a remplacé le lazzaronne. Il n'en a plus les mœurs, il en a conservé

la tenue. Sa souquenille est faite de loques mal re-
cousues, son manteau est un manteau d'Arlequin.
La cape en dents de scie de don César de Bazan est
ici une vérité et ceux qui ne la doivent pas à l'injure
du temps, l'obtiennent en corrigeant à coups de ciseau
les éraillures et les effilochures. Beaucoup de pièces;
encore plus de trous. Comme les anciens *Facchini*,
épouvantail Napolitain légendaire qui a disparu, les
cochers agacent, provoquent et violentent le client.
Chaque piéton est un voleur qui fait tort au moins de
12 sols à un cocher; — car la course simple des petits cabriolets à un cheval est à ce prix. Aussi, quelles haridelles et quels équipages! reluisants toutefois, nettoyés et polis jusqu'au plus petit bouton de
cuivre. Tout ce qui reluit n'est pas or, mais on
fait cas ici de tout ce qui reluit: bijoux vrais ou faux,
argent et cuivre. Il y a de pauvres diables qui passent
la moitié de leur vie à faire cirer leurs bottes et des
légions de petits décrotteurs, plus importuns encore
que les cochers qui passent leur vie tout entière à
astiquer les chaussures des passants.

A Rome, le vendeur considère l'acheteur comme
son obligé, un peu comme son ennemi. La pratique
fera nécessairement tort au marchand de tout l'argent
qu'elle fera rabattre. Aussi en général vous reçoit-on
dans les boutiques d'un air défiant, le chapeau sur
la tête, et en rechignant. Si nous descendons à
Naples l'échelle des fournisseurs la scène change;
mais c'est le même sentiment..

Il n'y a plus face à face qu'un exploitant et un exploité. Le premier exerçant un droit, le second accomplissant un devoir. Aussi, malgré le tarif affiché dans toutes les voitures, expressément déclaré *invariable* et inaltérable *per contrarietà di tempo*, les cochers vous surfont-ils quand il pleut et vous laissent-ils à pied quand on les marchande trop. Le Français le plus bouillant, l'Anglais le plus ferré sur son droit ne les feront pas marcher contre leur gré. L'Italien dont la ruse pratique est infinie et expérimentée, connaît la puissance de l'entêtement et de la force d'inertie, — la seule qui se déploie sans effort.

J'ai vu à Rome, dans un restaurant, des consommateurs affamés et ne trouvant pas de place, s'emparer de haute main d'une table retenue à l'avance. Ils protestaient contre un abus et usaient du droit commun dans un lieu public, celui du premier occupant. Enchantés de leur conquête, ils appelaient les garçons à haute voix et mettaient le menu à feu et à sang pour se composer un plantureux repas. Les garçons restaient sourds à leur appel, et comme les vieux Romains retirés sous leurs tentes, demeuraient invisibles dans les coulisses de la cuisine. Rien n'y fit, ni les éclats de voix des Tantales affamés, ni leurs protestations, ni leur appel au chef de l'établissement ; les conquérants se levèrent le ventre vide et sortirent en secouant la poussière de leurs souliers, mais déconfits et obligés de se remettre au pourchas d'un dîner problématique. On m'a raconté de Naples une autre anecdote, prise dans un autre ordre d'idées, et dans un autre milieu, mais plus caractéristique encore :

Un voyageur arrive de Rome et jette un *baiocco* à un mendiant de Naples. — Ceux-ci sont d'ailleurs ici, aujourd'hui, moins nombreux et moins importuns qu'à Rome. Il n'y en a que deux à la porte de Pompéï. — Le *baiocco* et sa fraction le *mezzo baiocco* n'ont par cours à Naples. Le mendiant se croit volé, il réclame poliment un sol de Victor-Emmanuel à son bienfaiteur. Celui-ci qui n'en a pas dans sa poche, envoie promener le réclamant. Le pauvre insiste. On a voulu lui donner quelque chose puisqu'on lui a mis en main une pièce de monnaie; il a un droit absolu, acquis, consenti et consacré par un commencement d'exécution à la somme donnée, et par conséquent à son équivalent. Il ne réclamerait pas l'escompte, mais il a droit au change.

Que fait le voyageur? — Il fouille en grommelant dans ses poches, les chiffonne et les fatigue, quoiqu'il les sache vides, et finit par empruter deux sols pour satisfaire le mendiant. Le plus souvent il lui jette une pièce blanche.

Le voyageur n'a pas de caractère, direz-vous; je vais plus loin et je puis dire le mot, puisque j'en suis : le voyageur est un lâche; il paie quand on l'écorche, quand on le gratte et quand on le chatouille; il donne, au cocher qui l'exploite, double ou triple tarif; il se lève de table devant la volonté du garçon qui l'affame; il se débarrasse du mendiant en lui jetant la première monnaie venue.

Résister est héroïque, mais plier est moins fatigant. La fermeté est une théorie, la concession est la pratique générale.

Qui que vous soyez qui lisiez ceci, homme carré par la base, courage de bronze ou volonté de fer, je voudrais bien vous y voir.

A qui vient de Rome, les églises de Naples ne présentent qu'un médiocre intérêt. La richesse des ornements est encore grande ici et les églises renferment des trésors artistiques intéressants au point de vue de l'histoire locale de l'art, mais les plus grands vaisseaux paraissent mesquins. La cathédrale est sans ampleur; le fameux arc de St-Lorenzo n'a qu'une hardiesse moyenne, quand on la compare aux splendeurs architecturales communes à Rome. Il faut le dire, l'ogive, qui domine ici, paraît plus mesquine que le plein-cintre et, d'ailleurs, elle jure affreusement avec le marbre. Celui-ci, malgré la variété de ses couleurs et l'agrément de son agencement, pare moins élégamment que la mosaïque. A Rome, les grandes églises sont resplendissantes de pompe, de netteté, et les plus anciennes sont plutôt trop entretenues que négligées. A Naples, la plupart sont négligées; beaucoup sont fermées. A Rome, on rencontre souvent une décoration chargée; à Naples, au même endroit, c'est une faute de goût. Là où il y a une négligence à Rome, on trouve

une saleté à Naples. Les plus petites chapelles à
Rome sont souvent ornées. comme des boudoirs.
Voulez-vous un croquis de la chapelle Sainte-Lucie,
dans laquelle nous sommes allés entendre la messe,
hier dimanche?

La porte est encombrée de loqueteux. Un des
moins dépenaillés nous ôte sa casquette sordide et
marche devant nous en traînant le pied et en nous
laissant voir un large trou dans l'emmanchure de sa
veste : c'est le sacriste. Il pousse devant nous le
paillasson graisseux, qui sert de porte et d'auvent;
il nous présente deux chaises et nous installe dans
un groupe à gauche. La petite église est pleine
d'hommes et de femmes, la plupart mal vêtus et de
malpropre aspect. Une odeur fade, écœurante et
concentrée s'exhale de la petite assemblée. Les hommes sont assis, les femmes accroupies sur leurs ta-
lons ou adentées sur leurs chaises. Tout le monde
tousse et crache par terre, les femmes surtout. Un
prêtre en soutane confesse dans un coin, à confessionnal découvert. La messe, servie par un répondant déguenillé, commence et s'achève sans que les
hommes et les femmes aient changé de position·
Pas d'autre incident que la quête habituelle, faite
dans une sordide boîte de bois par un ecclésiastique
obèse (on voit sa tonsure), en soutane lâche, sans
ceinture et sans rabat. La messe finie, nous jetons
un coup d'œil autour de nous. Quelques femmes
sortent, d'autres se dirigent vers le confessionnal,

baisent et touchent des images. Celles-ci sont nombreuses, et les plus laides poupeés que l'on puisse voir. Nos grotesques saints du Pays-Bas sont des chefs-d'œuvre auprès de ces madones de carton et de ces mannequins habillés et enluminés. Nos bûcherons ont quelquefois réussi à tirer à coups de serpe l'expression d'un sentiment d'un tronc de poirier. Rien ici, avec la meilleure bonne volonté ; on se dirait dans un magasin de jouets. Dirai-je que cela me choque et me scandalise? Non. Cela ne fait rien à ma foi ni à celle de ces pauvres gens. Je constate, voilà tout, et si mon récit est conforme à beaucoup d'autres, il est aussi conforme à la vérité, car je dis ce que jai vu, et ce que j'ai vu, je l'ai touché.

On dit les Napolitains moqueurs. C'est le grand nez de leur *Pulcinella* qui leur a fait cette réputation. Du reste je ne hais pas les narquois, même quand ils me font la figue. Je viens d'entrer chez un marchand de tabac : J'ai demandé des *francobolli par la Francia* (timbres-poste pour la France. Vous les verrez sur l'enveloppe de la présente), avec un si drôle d'accent qu'une voisine qui caquetait dans la boutique s'est arrêtée court et est partie d'un éclat de rire. Je l'ai regardée en face et j'ai souri franchement. Je crois qu'elle a fini par être plus confuse que moi et que nous nous sommes séparés bons amis, sans rancune.

D'une bouche qui rit, on voit toutes les dents ; mais la vue n'a rien de désagréable, quand les dents sont blanches, et mieux vaut être mordu pour rire qu'être pincé sans rire.

La cathédrale de Naples, comme on le sait, est triple. Elle a pour annexes l'ancienne basilique de Santa Restituta, et la fameuse chapelle de Saint Janvier ; la première est d'un grand intérêt archéologique ; la seconde éveille une haute curiosité artistique et littéraire.

Celle-ci fait peut-être tort à celle-là, et c'est dommage. Les anciennes colonnes du temple d'Apollon et les mosaïques byzantines méritent d'être vues, même après les colonnes et les mosaïques de Rome.

Je m'étais fait une fête de la chapelle de Saint Janvier, non point à cause de ce miracle de la liquéfaction du sang et qui se fera de samedi en huit et que je n'attendrai pas, non pas même à cause des richesses gemmales et métalliques de son opulent trésor ; mais j'avais préparé mes yeux pour évoquer à mon aise devant ses murailles le chapitre d'histoire de l'art qu'elles rappellent. Hélas ! je suis resté à la porte ; admirable ouvrage de cuivre, il est vrai, — mais impitoyablement clos jusqu'à la fête.

Heureusement, la porte est à claire-voie ; et pour n'être qu'entrevu, mon chapitre n'en a que plus de saveur et de mystère.

(1606-1656). Quel drame s'est passé ici dans cette première moitié du XVIIe siècle.

Le réaliste et bourru Caravage tue un homme et s'enfuit. Il se réfugie à Naples et provoque en duel

le Josépin, qui s'abrite derrière sa qualité de gentil-
homme. Ce damné Caravage s'exalte et ouvre un
atelier de bandits. Trois gladiateurs de brosse et
d'épée commandent la bande : un Espagnol, un
Grec, un Napolitain, —Ribeira, Corenzio, Caracciolo,
qui endosse la livrée, la manière et le petit nom
d'un autre maître, en gardant les féroces rancunes
du premier.

Cet autre maître était Annibal Carrache, un nom
et un chef; il mourut à la peine. Le Josépin échappa
à l'épée du Caravage anobli, mort en route de furieu-
ses ardeurs; mais il ne put tenir à St-Janvier. Le
Guido Reni y fut pour sa tentative de voyage, et un
domestique roué de coups. Gessi vit disparaître ses
compagnons. Enfin, le pauvre et grand Dominiquin, le
patito de tous ces *condottieri* de la palette, prit son
courage à deux mains et effaça résolûment les fresques
banales du Corenzio et du Caracciolo. Malgré la garde
qu'on lui donna, il fut obligé de fuir. Les marguilliers
retinrent sa femme en ôtage. Il revint. Alors ses
lâches rivaux empoisonnèrent l'homme et l'œuvre,
— l'homme par un toxique lent dont il mourut ;
l'œuvre par de la cendre mêlée au crépi de la fresque. — En 1641, Dominiquin meurt. Lanfranc, cet
autre homicide, lui succède et efface la fresque com-
mencée.

Caracciolo était mort, on ne sait comment; Corenzio tombe d'un échafaudage, et Ribeira disparait
après avoir eu sa fille déshonorée. Les artistes

étaient les plus batailleurs et les plus remuants des Napolitains. Les Espagnols tuaient un des élèves d'Aniello Falcone ; l'atelier vengeait son camarade ; le maître soufflait la révolte et la révolution à son cousin Mas'Aniello. La *Compagnie de la Mort* faisait rage sur la place du Mercato, en 1647, Salvator Rosa en tête. Enfin, la peste de 1656 tue les uns et fait fuir les autres. L'histoire de la domination espagnole est liée à l'histoire de la peinture.

Une partie de celle-ci est dans la chapelle de St-Janvier. On peut la compléter dans quelques églises de Naples et surtout au musée dont l'ordre et la classification ne laissent rien à désirer.

Si le pauvre Dominiquin n'a pas sa chambre comme le Titien, Corrége et Raphaël, il a mieux que cela, — il a la place d'honneur dans le grand salon des chefs-d'œuvre où trône justement son *Ange gardien*, que l'on voit de toutes les salles du musée de peinture et qui mérite une si haute et si flatteuse distinction.

L'*Ange gardien* du Dominiquin est une œuvre ravissante qui classe un maître sinon entre Michel-Ange et Raphaël, du moins bien près de Titien et du Corrége. Le *Saint-Jérôme* et le *Saint-Sébastien* de Ribeira ne sont auprès de cela que des bonshommes enfumés, et le *Silène*, une ignoble caricature au-dessous du plus grossier Jordaëns. Bien que le rusé Corenzio eût pris quelque velléité de coloris dans l'école vénitienne du Tintoret, ses tableaux, épars dans les églises et accrochés au musée, dénotent un habile barbouilleur sans âme, et le Caracciolo ne peut prétendre à un autre renom qu'à celui d'un adroit arrangeur. Lanfranc est pâle et le Guide lui-même s'efface devant le pauvre Zampiéri réhabilité. Quand le musée de Naples n'aurait que ce seul côté moral, il faudrait l'en féliciter.

Il a d'autres chefs-d'œuvre qui n'offensent pas les yeux, *la Vierge-au-Lapin* et *la Sainte Famille du Corrége*, une esquisse *de Descente de Croix* (une perle) du même, deux ou trois beaux Raphaël, deux très-beaux Salvator Rosa (une Bataille, Jésus au milieu des Docteurs), un admirable Jules Romain, de très-beaux Parmesan et des Titien très-curieux, entre autres, un Paul III grondant son neveu Pier Luigi devant Alexandre Farnèse; — un Vélasquez; enfin, la fameuse *Danaë*, admirable de ton et de chair, plus licencieuse que libertine, — acceptable au milieu des autres Vénus et à deux chambres du cabinet secret dont tout le monde peut pousser la porte.

Je l'ai poussée, par curiosité d'artiste et par devoir de critique, comme un médecin soulève un voile et je l'ai refermée tôt après. Je ne vous y ferai pas entrer avec moi. On a exagéré la finesse artistique de ces polissonneries antiques. Les anciens étaient sérieusement grossiers et le sel comique, le seul qui puisse faire passer une grivoiserie un peu faisandée, leur était inconnu. L'immonde réduit a un gardien

condamné à vivre six heures par jour face à face
avec ces ignominies ; au moins devrait-on commuer
sa peine, et lui permettre de mettre sa chaise en dehors.

La plupart de ces images déshonnêtes viennent
de Pompéï dont les souvenirs moins scabreux rem-
plissent une vaste salle du rez-de-chaussée. Je n'ap-
prendrai rien à personne en disant qu'il y a là des
chefs-d'œuvre de grâce et de liberté de pinceau.
J'ai parcouru avant-hier Pompéï et dans les moindres fragments, j'ai retrouvé cette grâce et cette liberté. Je n'en entreprendrai point la description dans
cette lettre déjà trop longue ; d'ailleurs Pompéï étant
la plus curieuse merveille du monde, on en trouve
partout vulgarisés les moindres détails. Je ne vous
décrirai pas non plus les splendeurs de la statuaire du
musée de Naples. La Vénus Callipyge est le pendant
de la Danaë du Titien. Le torse mutilé de la Vénus
de Naples les vaut toutes deux.

Je terminerai seulement par une réflexion que je
n'ai vue nulle part et qui me paraît mettre sur la
voie d'une étude intéressante. Mieux vaut en ce cas
une redite qu'un oubli.

Pompéï, comme on le sait, fut détruite en 63, sous
Néron, par un tremblement de terre, rebâtie et en-
gloutie en 79. sous Vespasien : c'est donc, dans cet
espace de seize ans que les curieuses peintures que
nous avons sous les yeux ont été exécutées. Evidem-
ment, les artistes étaient de l'école de ceux qui tra-

vaillaient à la maison dorée de Néron et ils eurent
eux-mêmes pour élèves les décorateurs des Thermes
de Titus. Nous avons des fragments des trois ouvra-
ges. Première étude de comparaison.

Mais la furieuse persécution de Néron avait fait
creuser aux chrétiens des catacombes, décorées,
comme les maisons terrestres, de symboliques peintures ornementales, vraisemblablement par des artistes convertis ou des disciples secrets.

Nous avons leurs œuvres. Second point de comparaison. Second objet d'étude.

J'indique le chemin. Que les savants avisent.

A l'heure où je mets cette lettre à la poste (6 heures du soir), la mer est presque bleue, -- non, —
tout à fait bleue.

Ne soyons pas trop exigeant, et faisons gaiement
cette petite réparation qui ne nous coûte rien à la
mer Parthénopéenne.

S'il allait faire beau demain ! *Qui lo sa?*

Gustave LE VAVASSEUR.

VIII

MUSIQUE. — Il y a encore de la vraie, joyeuse et délurée musique napolitaine dans les rues. Le temps n'y fait rien. Les Napolitains supportent en moyenne plus de froid et surtout de pluie que les Russes. Un chanteur ambulant, de mauvaise mine et de bonne figure, dépenaillé, montrant le chrétien par tous les trous, taquine sa guitare, fait des pizzicati avec les doigts et avec le gosier, gazouille, rossignolise, chante pour sa gloire et son profit et s'amuse en escomptant une recette incertaine.

Tantôt c'est un violoniste, tantôt un baryton de rencontre, mais toujours soutenu, fortifié, aménagé d'une douce et modeste compagne, — la guitare (ô jour à marquer d'un caillou blanc! Pendant une semaine entière, je n'ai pas entendu à Naples une seule note de piano). Braves virtuoses en plein vent, vous avez chanté et joué pour votre plaisir, mais aussi pour le mien. — Politesse et gros sous à part, je vous remercie.

Id. SAN-CARLO, 9 heures du soir. — On joue le

Barbier de Séville. Beaumarchais se souciait de la couleur locale comme d'un masque, palsambleu ! mais, corpo di bacco ! jeune ou vieux, Rossini a toujours senti le macaroni. D'ailleurs, qui adopterait Figaro (*genitores ignoti*, le pauvre !) si ce n'est polichinelle ! on lui pardonne tout à ce vaurien en faveur de la mélodie, *Pantagruel autem genuit Panurgium.* Aimable Cimarosa, doux Bellini, vous auriez comme vos compatriotes acclamé cette musique, qui a le diablotin au corps. Peut-être hélas ! pourtant auriez-vous rappelé à l'ordre cet orchestre sans gêne qui, au lieu de cette conversation respectueuse que vous savez, entame un dialogue corps à corps avec le maître et lui coupe parfois la parole. Avis à l'orchestre napolitain qui parfois aussi ralentit la mesure ; à part cela, satisfaction complète. — Mais le ballet ! — J'ai vu dormir le premier violon. O l'honnête homme !

— Autre guitare—même décor que le précédent. — On applaudit au milieu de l'air de Rosine. Pourquoi ?.... — Le roi Victor Emmanuel vient d'entrer dans une loge d'avant-scène du rez-de-chaussée ; les Napolitains le saluent, il leur rend gracieusement leur salut, s'assied et la pièce continue.

Une douzaine de siéges me séparent du roi d'Italie (fila n° 16). Je puis le voir à l'aise.

Cheveux noirs, durs, épais, ras, coupés à l'italienne en brosse, front étroit et bien fait, yeux ronds, franchement écarquillés, sans malice, mais sans finesse ; nez socratique, moustaches de chat en colère, royale en feuille d'artichaut, une très-petite oreille, teint rouge brique, encolure d'Empereur romain, un peu voûté, plus carré que rond, tenue de militaire en bourgeois.

Le roi va entendre le second acte du Barbier en faisant des visites, — à l'italienne.

Il revient pour le ballet, auquel il assiste jusqu'à la fin, lorgnette à bout portant, en galant homme et en roi qui connait les traditions.

— NAPLES, 20 avril, — dans la boutique d'un marchand de gants. Il pleut à verse.

— Moi, — est-ce qu'il pleut tous les jours comme cela dans votre pays?

Le marchand avec un petit mouvement d'épaules goguenard. — Hée! *signore, il Ré e a Napoli.*

— Eh bien?

— Le Roi est à Naples.

— J'entends bien, mais quel rapport?

— *Qui lo sà, signore?* Quand le Roi est à Naples, il y pleut toujours.

21, 22 avril. — Temps magnifique, ciel sans nuages, si beau qu'à onze heures du matin, 21, nous entrons sans difficulté dans la grotte d'azur. Décidément, les Napolitains sont superstitieux. C'est le bon Dieu tout seul qui fait la pluie et le beau temps.

SUR LE BATEAU DE CAPRI, 21 avril. — La mer est superbe, elle berce sans secouer, mais il paraît que le bateau est détestable, c'est l'avis des infirmes, — en majorité comme partout. Toutes les femmes sont malades ; la plus vaillante éprouve des démangeaisons dans la région du cœur ; la plus éprouvée est tenaillée par des hoquets qui l'écorchent en dedans. Tous les hommes sont graves et taciturnes. Quelques jeunes Français essaient en vain des calembours déplacés. Leur feu de paille s'éteint devant que la paille ne soit consumée.

Il fait si noir autour du diaphragme de quelques pauvres dames qu'il ne reste plus de place pour le bleu. Elles demeurent inertes, sans pouls et sans haleine, étendues sur le pont, comme des épaves roulées par le flot, tandis que le petit nombre des élus sort du Purgatoire pour entrer par la petite porte du Paradis de la grotte d'azur.

Le débarquement est un entr'acte, — un sursis. Calme des cœurs troublés. Espérance en un meilleur avenir. Réveil des jambes engourdies. Mauvais déjeuner dans le plus beau site du monde. Admirable promenade avec une vue magique pour les héros. Il faut les pieds d'Achille pour grimper et la prudence d'Ulysse pour trouver l'ombre.

Retour. Image en laid de la venue. Les plus beaux yeux et les plus curieux restent clos devant le golfe de Naples, une merveille du monde.

On débarque.

— Quelle charmante excursion, Madame ! quelle délicieuse journée nous avons passée !

— *Very delicious*, sir. A demain, Monsieur.

L'Anglaise avait raison. C'est une des parties de plaisir les mieux réussies auxquelles j'aie assisté.

Il y a pourtant certains hommes qui préfèrent le plancher des vaches à celui des renards, et la réalité bourgeoise du foyer domestique au hasard du fourneau des auberges.

Les lâches !

22 avril. — CEPRANO. — 50 m. d'arrêt. — Buffet. Visa des passeports, 5 m. — Les garçons jettent par les portières le menu du dîner pour faire prendre patience.

La machine tousse à petits coups. On entre en gare. Tout le monde change de voiture. A la douane pour la visite, branle-bas général. 10 minutes perdues, il n'en reste plus que 35. Il vient de pleuvoir. Les gouttières de l'auvent pleurent à grosses et froides larmes sur les manteaux des dames.

Les plus actifs se mettent à table, on avale le potage, moins gras, mais aussi chaud que du plomb fondu. Le train vide qui nous a amenés s'en va à l'aiguillage; grande inquiétude des dîneurs. Les fourchettes mal chargées restent les doigts en l'air. Le train nouveau se forme. Redoublement de trouble. Quelques empressés sautent sur le quai la bouche pleine, sacrifiant leur dîner à l'espoir de conquérir un coin. Agitation. Fausses alertes. Allées, venues, marches, contre-marches, flux et reflux de sacs de nuit, cannes et parapluies.

On sert aux flegmatiques qui sont restés à table le *macaroni* qui est refusé sur toute la ligne.

Les tenaces se rattrapent en mordant à dents de loups dans des cuisses de poulet. D'autres piochent à fourchette désespérée dans un pudding mou, fade, tiède et sucré.

Les *camerieri* du restaurant perçoivent le prix convenu — 3 fr. 50 c. sans le vin.

Le train se range au quai, personne n'y tient plus. Le restaurant se vide et pendant cinq minutes, les impatients attendent l'assaut, la main sur le bouton de la portière.

On ouvre les wagons. Assaut des coins. Victoires et défaites. Cinq minutes après l'installation générale, il y a encore des ahuris et des indécis qui traînent après eux leurs sacs de nuit et leurs familles à la conquête d'une place d'élite.

Enfin tout le monde est encaissé un quart d'heure avant la

Partenza !

Les moins nerveux ont passé dix minutes à table.

Et vive le hasard de la fourchette !

ROME, **25** avril. Ce n'est pas sans un certain serrement de cœur que l'on fait ses paquets pour quitter Rome. On a devant soi les préparatifs du voyage et la perspective de ses mille petites fatigues, petits ennuis, petits embarras; pour expliquer sa tristesse on est un peu dans la même position qu'après un bon dîner fait chez le voisin. On hésite

à se lever de table, on regarde le firmament par la
fenêtre et la paresse de la digestion vous fait appré-
hender l'activité du retour.

Toutefois, cette vulgaire sensation ne suffit pas
pour expliquer ce sentiment profond d'attache et de
regret que ressentent les plus indifférents et les plus
nomades. Rome est une tente pour les uns, un dais
pour les autres, — pour tout le monde un abri. De
loin, il semble que les pèlerins qui vont s'y reposer,
dorment ou méditent sur un volcan. De près, le
volcan ne fume ni ne gronde et tout le monde est
si bien persuadé de l'éternité de la montagne que
chacun lui dit : au revoir.

Nous avons fait nos adieux à Saint-Pierre, en
assistant, cette fois assez commodément assis, à ces
vêpres du chapitre qui m'avaient si joyeusement
accueilli à mon arrivée. Le carillon de l'étrier valait
celui du débotté et je crains de remporter en pen-
dants d'oreilles une prévention désormais insurmon-
table contre les aboiements nasillards des chantres
vulgaires. Après tout, le faux ne saurait jamais être
vrai et le tympan n'est obligé de s'habituer ni aux
coups de bâtons, ni aux coups d'épingles.

26-30 avril. — PISE, FLORENCE. — Quand on vient
de Naples à Rome, il semble que l'on quitte une
foire pour entrer dans une église. Si Rome est un
temple, Pise est un tombeau.

C'est un tombeau coquet, toutefois, que cette pauvre *Pisa la morta*, si gracieusement bâtie en dos de

cygne sur les bords de l'Arno, aussi jaune, hélas !
aussi fangeux que le Tibre, — tombeau animé le
matin sous ses portiques si gais et d'un caractère si
original. Mais c'est tout. Les autres rues, sont déser-
tes comme celles d'un de nos chefs-lieux de dépar-
tement pendant les vacances. Bien que le tarif de
ses voitures à un cheval soit de 0,45 centimes, les
courses sont si simples et si courtes que tout le monde
va à pied et que les cochers vaguent dans les rues,
appelant en vain les passants et faisant claquer leurs
fouets.

De loin, la fameuse tour penchée a l'air d'un plat
de sucrerie monté par un confiseur des contes de
fées pour le festin nuptial du Prince Charmant. De
près, c'est plus sérieux, et du pied, c'est effrayant.

FLORENCE.—Rome a son parfum, Paris ses odeurs,
Florence à son fumet. Je suis connu pour Guelfe;
mais, honni soit qui mal y pense! Florence est la
reine des arts modernes. Les fleurs qui lui ont donné
son nom rayonnent sur sa tête, à sa main, à sa ceinture : *Floret, florescit et usquè florebit.*

La politique, qui l'a faite capitale, n'a pu changer
ni son caractère, ni sa bonne humeur. Eternelle-
ment jeunes, les chefs-d'œuvre sortent de terre et
resplendissent aux murs. Dante se promène dans
son manteau en causant avec Savonarole sur la
place de la Seigneurie, et l'ombre aimable de Giotto
plane sur les fresques du Ghirlandajo ou d'André
del Sarto.

Les fresques! — Suis-je devenu préraphaëlite! —
Non, Dieu merci; il y a encore du chemin à faire,
et je pars demain pour Venise, le pays de la chair et
de la couleur, où les friandises peintes ont encore
l'air meilleur à manger qu'à aimer, et je compte sur
un régal succulent. Mais quels hommes que ces
peintres de fresques!

Benetto Gozzoli et Simone Memmi m'avaient af-
friandé dans le Campo Santo de Pise. Certains groupes de l'histoire de Noë et de la tour de Babel, et
surtout l'Adoration des mages et l'Annonciation de la
porte de la chapelle, m'avaient paru le *nec plus ultrà*
de l'art primitif, déjà dégagé de ses langes.

Il y a deux Orcagna, comme deux larrons, —
un bon et un mauvais. Le bon est un saint qui a
fait les anges du jugement dernier, la fresque de
gauche de la chapelle Strozzi, à Santa-Maria-No-
vella. Il a donné les admirables dessins de la loggia
de Lanzi et d'Or-San-Michele; il a surtout, sculpteur-
orfèvre, fouillé les détails de l'autel de cette dernière église. Mais son frère Bernardo, lui fait un
peu tort par sa fougue et son laisser-aller plus espagnols qu'italiens.

Les fresques de Florence l'emportent sur celles
du Campo Santo, et dût le Ghirlandajo froncer le
sourcil, dût l'aimable André del Sarto sourire en
homme qui sait que sa revanche est prise, c'est à la
chapelle des Espagnols que je donnerais les prix, —
le premier à Taddeo Gaddi et le second à Simone

Memmi, si je n'étais fortement tiraillé par la chapelle d'Il Carmine. Est-ce Masolino Masaccio ou Filippino Lippi qui a peint cet admirable panneau derrière l'autel, St-Pierre et St-Jean faisant l'aumône ?

Et le saint des saints, le Frà Angelico ? il est ici sur un trône d'or, environné d'anges qui chantent sa gloire. O coloristes incorrigibles, nos chers et bien aimés complices, ne regardons pas trop longtemps la peinture du bienheureux Fiesole, nous ferions comme ce damné Filippo Lippi, nous tomberions amoureux de la Religieuse.

Si Frà Angelico rayonne à Florence, André del Sarto étincelle. Les Eglises montrent ses tableaux. Les Cloîtres sont badigeonnés de ses fresques. Quelques-unes de celles-ci sont d'incomparables chefs-d'œuvre, — le miracle des enfants morts et le baisement de la relique à l'Annunziata, — la prédication de St Jean au Scalzo ; — aux musées s'il ne règne pas sans partage, il est roi. Dans le salon de Mars, au palais Pitti, le n° 79 est la Vierge à la chaise de Raphaël, le n° 81 la Ste Famille si connue d'André. Voici la note de première impression que je lis sur mon calepin : chef-d'œuvre complet, un Corrége couronné d'un Raphaël. Peut-être demanderait-on un peu plus de fermeté dans le dessin. Ce n'est pas moi qui fais cette observation, c'est la Vierge à la chaise de Raphaël accrochée à côté qui est jalouse, — et il y a de quoi.

Et pourtant, je préfère la dispute sur la sainte

Trinité du salon de Saturne, et surtout l'incomparable Vierge du salon de l'éducation de Jupiter. Mon
crayon a mis à côté : cette fois le Raphaël est pétri
avec du Léonard. Quel dommage que la main de la
Vierge soit si mollement dessinée ! Elle égalerait les
deux.

Dans la sacristie de l'Eglise St-Lorenzo, — ce qu'il
y a de plus admirable dans les incomparables tombeaux de Julien de Nemours et de Laurent de Médicis est peut-être la magistrale architecture du
monument. Ce n'est pas grec, mais c'est antique, ou
digne de l'être. Le *Pensiero* ne peut être qu'une
statue moderne, plus belle parce qu'elle pense, que
parce qu'elle est ; elle fait rêver et pourtant un défaut taquine le rêve ; le bras est aussi gros que la
jambe. Le *Crépuscule* est un vieux fleuve de la plus
belle tournure. Mutilez-le, ainsi que le *Jour*, enter-
rez les torses et exhumez-les ; ils auront une réputation égale sinon supérieure au Laocoon et au torse
d'Hercule du Vatican. Quant aux figures de femme,
c'est différent ; rien de moins antique. L'*Aurore* est
belle, soit, mais quel amour académique des tours de
force a inventé cette pose inharmonique qui fait saillir
si disgracieusement les muscles de l'humérus ? C'est
contre-partie du Christ de la Pietà de Saint-Pierre
de Rome. La *Nuit* dort, c'est vrai, elle respire même
doucement, on le sent et on le voit. Mais c'est par
la toute puissance de l'artiste qu'elle peut dormir
dans une pose aussi gênée. Elle est nue, pourquoi ?

Pour plaire aux yeux, non certes ; un ancien ne l'eût jamais faite ainsi ; l'Aréopage l'aurait fait transporter dans un cabinet d'anatomie et l'aurait dérobée à la vue du peuple pour la livrer à l'admiration des connaisseurs.

Ghiberti et Donatello. — Les portes du Baptistère assurent à Ghiberti une place réservée dans l'histoire de l'art. Quelques panneaux sont d'inimitables chefs-d'œuvre de grâce et d'adresse (Jacob rentrant de la chasse, etc.). Donatello est moins pur et moins adroit. Il a des têtes de Christ d'une vulgarité choquante. Mais quelle grâce dans son St Georges (or San Michele), et quelle fougue dans ses ambons de Santa Maria Novella ! C'est du Salvator Rosa en sculpture.

Benvenuto Cellini, le Florentin par excellence, n'a rien dans les mêmes dimensions ; - ou plus petit ou plus grand. Si son Persée étonne par sa lourdeur, la Méduse est admirablement posée et les quatre statuettes du piédestal sont des chefs-d'œuvre. Pallas est la perle.— Vénus est chaste en venant au monde, mais Pallas est vierge et le sera toujours.

Le Campanile. — Admirable et charmant poëme italien, tout d'une haleine. Le Roland furieux de l'Arioste en pierre et en marbre.

Galerie de portraits. — Rien ne ressemble plus à une fresque qu'une table d'hôte. Douze ou quinze personnes sur le même plan, souvent oisives, toujours muettes, servant d'objectif à leurs vis-à-vis.

Quand on a passé la journée à contempler des mu-

railles peintes et à débrouiller les manières des vieux
maîtres, leurs types nous apparaissent vivants et
comme descendus de leurs cadres.

J'avais ce soir devant moi :

1° Une femme de Michel-Ange. Le type est rare,
mais il existe. Robe de soie noire sans garniture et
sans bijoux, fourreau d'un torse qu'elle recouvre
sans l'indiquer, cou long, tête petite, figure longue
et régulière, grands yeux bistrés et profonds, front
étroit, oreille petite, cheveux abondants sans ban-
deaux ni tresses ; elle est accompagnée de :

2° Un Caravage. Bonne et affreuse tête de caporal-
laboureur. On trouve de ces types-là, singulièrement enlaidis dans André Castagna, le peintre-assas-
sin dont le pinceau maudit ne produit que des mon-
stres. Mon Caravage est un peu modernisé, car de
temps en temps, je le prends pour le Cap'taine Bit-
terlin d'Edmond About ;

3° Un Angelo Bronzino, dans sa vraie patrie.
Beauté un peu longue, gracieuse et blanche, tout ce
qu'il faut pour plaire, excepté ce qui plaît le plus,
— l'apparence de l'esprit ;

4°, 5°. Deux Benotto Gozzoli. Un Allemand, grand,
svelte, blond doré, avec une barbe floconnante et
frisottante, des yeux doux et une figure en lame de
couteau à papier. Sa compagne, petite, plus âgée
que lui, maigre, masque anguleux, yeux petits, vifs
et francs, contours arrêtés, cheveux demi-courts

9

s'échappant du chignon en frisures irrégulières. Elle est à côté :

6° D'un André del Sarto. Petite femme aux grands yeux ouverts, au nez un peu épaté, à la bouche béante de la même grandeur que les yeux ; elle regarde naïvement et gentiment à la ronde, avec tout cela rit des mille petits accidents de la table d'hôte et rirait bien davantage sans la surveillance du :

N° 7. Sa mère, un Masaccio tout pur, sans retouche, front carré, yeux dessinés durement et enchassés solidement dans leurs orbites, mâchoires proéminentes, contours géométriques. C'est un parfait contraste avec le :

N° 8. Un vrai Titien tout frais venu de Venise. Cheveux roux surabondants et comme pétillants sur le front et autour de la tête, front rond, yeux doux reposant mollement dans des cils dorés, nez court aux narines un peu ouvertes, les lèvres fortes, l'encolure puissante. Ce n'est ni un Giorgion, ni un Rubens, c'est un Titien ; voyez les mains, elles sont admirables de finesse et de blancheur. Ces mains-là sont des armoiries qui donnent à celle qui les porte un cachet de paresse héréditaire italienne.

C'est un Titien. Les autres convives ne sont rien.

Pardon, j'allais oublier le n° 9, le plus curieux.

Le garçon qui nous sert est, pour le sûr un ange pris dans un cadre de Frà Angelico, condamné à l'exil sur la terre et réduit à sa triste condition pour une faute inconnue. Il flotte dans son habit noir

comme une cigale dans un sac, il a un profil mono-
chrome et transparent, invraisemblable, un nez d'ai-
gle apprivoisé, des yeux mystiques, un front blafard
et des cheveux rouges flamboyants, ondoyants et
chatoyants qui trahissent son origine. Pour sûr, il cache ses ailes.

Et moi, ami lecteur, je serre mes plumes et vais
me coucher.

Bona sera.   Votre :

Gustave Le Vavasseur.

IX

D E Pistoja à Bologne, chemin de fer étourdissant à travers les Apennins. Le poëte ridicule de Perse ne prévoyait-il pas ces bouleversements des flancs et des côtes de la montagne, quand il faisait le vers amphigourique : *Et longam costam subduximus Apennino.* D'autres ont compté les viaducs et les tunnels. Il y a sur la table de desserte dans la salle à manger, à l'hôtel Brun, un petit livre qui renferme la photographie des pentes. La mesure technique ne me dit rien. Sur le papier, les gros chiffres des statistiques et des budgets s'avalent aussi facilement que les petits. J'admire tout d'abord la nature, la mesurant à mon œil et non au mètre. J'admire surtout ces travaux gigantesques de nos chemins de fer, où les difficultés sont abordées de front, parfois provoquées, toujours surmontées magistralement, virilement et sans marchander le fond ni la forme. Je retrouve là les voies romaines et les aqueducs des Empereurs. Au moins, nous aurons de belles ruines à léguer à la postérité par delà la prochaine invasion des Barbares.

Bologne est le digne embarcadère du chemin que
nous venons de parcourir. Si ce n'est ressemblance,
c'est analogie, Bologne évoque le souvenir de Pompéï. Ici les hauts trottoirs entre lesquels sont en-
caissées les rues étroites, sont abrités sous des por-
ches de toute architecture et de toute façon, — joie
du voyageur, asile du piéton, parasol et parapluie du
pauvre. Colonnades extérieures, cloîtres intérieurs.
Bologne est un portique continu, cher aux péripaté-
ticiens et aux philosophes. Arcades et fûts de tous
les styles, depuis la traverse primitive à double po-
tence, équarrie à coups de hache et maintenue avec
des liens assemblés à tenons et à mortaises, jusqu'au
chapiteau Corinthien s'épanouissant en console fleurie sous l'élégante ogive. Bologne à **80,000** âmes.
Qui sait si le nombre de ses colonnes n'est pas égal
à celui de ses habitants ?

San-Petronio. — Agréable surprise. La première
Basilique ogivale vue en remontant l'Italie. Les bâ-
tardises de Naples et les essais de Florence jurent
toujours un peu et se placent de guingois sur un
plein cintre ou sous un plafond. Ici, rien de tout cela.
L'absence de façade alourdit bien un peu les portes
du Quercia et du Tribolo; mais mieux vaut la pau-
vreté de la brique nue et déchirée que les cheminées
monumentales percées de portes de poêles, dont certains architectes Italiens ont fait des devants d'églises. Salut, noble voûte de pierre ! Les choses ont
leurs destinées comme les hommes leur vocation.

Le marbre est fait pour être dieu, table ou cuvette.
L'Eglise est bâtie sur une pierre et c'est la pierre qui
doit servir à sa construction.

C'est grande fête aujourd'hui à Bologne. On a pro-
cessionnellement apporté à la cathédrale la ma-
done de Saint-Luc, tout le long de l'immense portique de cinq kilomètres qui couvre le chemin de sa
chapelle. On se presse, on se pousse, on se bouscule, on s'étouffe, on se croirait à Rome dans la
houle d'un flot populaire. Mais les Bolonaises ont
une autre mine et une autre tenue que les Romaines.
Ni débraillé, ni échevelé d'aucune sorte. Propreté
apparente, coquetterie bien entendue, entente par-
faite de ces quatre épingles bien mises qui sont le
supplément ou le complément de la toilette. En Italie, le secret de celle-ci est presque tout entier dans le
châle, vêtement obligé, superflu nécessaire de toutes les femmes. Ici on sait le draper et le fixer. Voile
sur la tête, peplum sur les épaules. Les Bolonaises
de la ville ou de la campagne, — j'en ai vu beaucoup, grâce à la fête, — ont d'ailleurs un caractère
de beauté noble ou gracieux tout particulier, auquel
l'âge peut enlever l'attrait, mais non pas ôter son cachet. Il semble les voir descendre d'un cadre du
Guide, du Dominiquin ou du Guerchin, les anciens
maîtres peintres de cette contrée au sang généreux.
Toujours des déesses, mais à Bologne, Diane n'est
pas plus rare que Junon.

Le Musée. — C'est là qu'il faut voir les maîtres

Bolonais. Le Guide lui-même semble un grand peintre, il perd chez lui son afféterie et sa manière. Il se
préoccupe même de la couleur jusqu'à un certain
point. En l'absence de cette communion de Saint Jérôme qui tient haut et ferme au Vatican le drapeau
de Bologne en face de Raphaël et sur le même dégré
que lui, la déposition du Christ de Guido Reni trône
ici à la place d'honneur et y fait magistrale figure;
le Massacre des Innocents est un excellent Poussin.
En prenant le Samson pour ce qu'il est, — une ravissante étude de Mercure, — il sent le chef-d'œuvre.

Pauvre Zampiéri! Le monde des morts est meilleur pour toi que celui des vivants. La postérité te
venge des injustices de tes contemporains. Enfin, tu
es prophète, et prophète dans ton pays. C'est une
bonne et loyale idée d'avoir exposé à côté de toi,
chez toi, cette communion de Saint Jérôme d'Augustin Carrache qui te fit accuser de plagiat. La perle
étincelait déjà dans le fumier d'Ennius ; mais comme
tu l'as montée et sertie ! Je songeais devant ce tableau à Marthe et Marie faisant de la peinture. Marthe cuisinait le Saint Jérôme d'Augustin Carrache,
Marie peignait la Communion du Dominiquin, et la
meilleure part ne lui était point ôtée.

Le *Rosaire* est charmant dans son amphigouri de
composition. Il y a des groupes et des anges dont la
grâce n'a pas été surpassée par le Corrége, mais la
Sainte Agnès est ravissante. Quel bourreau ! et

comme il égorgille en conscience cette douce Vierge
dont les Anges cueillent l'âme comme une fleur au
son des instruments divins, pendant que doucement
pleure sur ses pieds son agnelet chéri !

Bologne a d'autres trésors que les chefs-d'œuvre
de sa seconde école, des Francia, des Pérugin, et la
Sainte Cécile de Raphaël, devant laquelle le vieux
Francia mourut dit-on d'admiration et de jalousie.—
Quand on a peint le rétable de la chapelle de San
Giacomo Maggiore et le n° 78 du Musée, on marche
de pair avec Le Pérugin et on n'est jaloux de per-
sonne, O F. Francia aurifex !

Ceux qui ont appelé cette sainte Cécile de Raphaël
le miracle de l'art, ont été séduits par le côté large
et familier du dessin et la chaleur toute vénitienne
de la couleur. Ils ont eu raison. C'est là du vrai
Raphaël ; c'est l'ouvrage de sa main, à côté de laquelle Jules Romain ou le Fattore n'ont mis ni la
patte ni la griffe. C'est du Raphaël des Stanze, de
quelques saintes familles, du joueur de violon, des
portraits ; du Raphaël de cette vierge au baldaquin
du palais Pitti que j'affectionne de caprice particulier, — le plus familier, mais le plus attrayant des
Raphaël. Une adorable négligence qui cotoie le défaut, sans jamais tomber dans le péché véniel ; comme
toujours, ici la Vierge est charmante, mais elle n'ab-
sorbe pas toute l'attention. Jamais les anciens peintres,--Fra-Angelico peut-être lui-même, — n'ont atteint la grâce et surtout la souplesse de l'ange qui

soutient le baldaquin à gauche. Les anges du premier plan sont du Corrége mieux dessiné. Peut-être le saint à la mitre est-il un peu disgracieux et fatigant à voir à la longue, mais les autres !... le Raphaël de mes complaisances a-t-il des défauts ? — Je les passe, ou plutôt, je les trouve charmants et les aime autant que les plus exquises et les plus classiques qualités.

Les Carrache, si disséminés d'ordinaire, invisibles à Rome au palais Farnèse, sont chez eux au musée de Bologne. Annibal a un bon tableau ; l'ange Gabriel de sa Visitation est charmant ; Augustin a sa Communion de saint Jérôme et une Assomption assez lourde ; Louis est représenté par six grandes machines de valeur différente. La plus mauvaise est l'Evangile du Denier, la plus prétentieuse, la Transfiguration, qui rappelle en peinture les emphases du Bernin ; la plus harmonieuse est la Prédication de saint Jean-Baptiste. Le rétable de la chapelle saint Mansuet dans l'Eglise Saint-Germain d'Argentan est une copie dans des tons dégradés et blafards de cette chaude composition de Louis Carrache. Il y avait jadis, dans un coin de la chapelle Sainte-Anne un petit tableau pareil au grand qui paraissait en être l'esquisse terminée. Le Du Fresne qui a signé la contre-table de saint Mansuet et qui avait des parents dans la troupe de Molière, était de l'Académie. Il devait tenir à l'originalité de son pinceau. Comment copiait-il Louis Carrache sans le dire, et surtout, comment se fait-il qu'il ait signé sa copie ? — Résolve qui pourra ce petit problème. Je signale et j'affirme le fait.

— San-Stefano. — La plus piquante curiosité dont un touriste, un archéologue et un artiste puissent réjouir, amuser et scandaliser leurs yeux. Un salmis d'églises, garni de chapelles ; il y en a sept, à sept étages ou niveaux différents. Tombeaux du IV° siècle, sculptures primitives, inscriptions bizarres, merveilleux tronçons de colonnes antiques, enfantillages, badigeons, bijoux et bibelots, tout est pêle-mêle, dans un indescriptible tohu-bohu ; c'est un magasin de bric-à-brac religieux, un tas de chiffons dans lesquels on peut trouver des perles, quoiqu'en dise le guide. Quoi de plus curieux que l'ancienne charpente de l'église principale, la vieille chaire de pierre qui représente la maison de Nazareth dans l'église du Calvaire, quelques peintures primitives sortant çà et là du badigeon comme poussins de l'œuf, le stylobate de la colonne de la Flagellation, etc. ? Ce ne sont que chapiteaux, portes sculptées, festons et astragales. Le petit cloître intérieur est un bijou. L'Eglise souterraine des saints Vital et Agricole un fouillis très-intéressant. Je ne crois pas qu'il y ait deux piliers, deux corniches, deux coins de voûte ou de plafond semblables. Avis aux fureteurs et aux curieux.

— A table d'hôte. — Un nouveau type, — la Ste-Anne d'André del Sarto. Quelle admirable tête de vieille et quel beau portrait on ferait de son fils, s'il n'était complétement effacé par la mère !

Un type bien plus rare encore, — la propre femme de Paul Véronèse, descendue du cadre n° 37 du salon d'Apollon, au palais Pitti. Mêmes cheveux, cuivre et or, même visage Médicis à trois mentons, même prestance de Cybèle. Et pourtant, tout dégénère. La grande table est presque au complet ; je regarde devant moi, à la ronde, à mes côtés. Une glace reflète mon image. Rien, rien que des photographies à dix francs la douzaine, des figures de français sans relief et sans cachet, de la monnaie courante, sans effigie positive,.... qui fait prime partout.

VENISE. — Lundi 3 — vendredi 7 mai. — Pour le coup, c'est une surprise, et je défie le mieux préparé de se défendre d'un moment d'étonnement. Le bateau omnibus qui transporte à l'hôtel les voyageurs et les bagages est une sorte de coche d'eau auquel il ne faut pas demander grande élégance. Mais quel est ce catafalque amarré dans le hâvre d'un palais délabré?

— Quelque mort qu'on porte en terre ou en mer. Serions-nous en temps d'épidémie? Une autre bière silencieuse rase notre barque, drapée dans ses crêpes et portant la livrée des pompes funèbres sur son drap roussi et verdi comme l'habit d'un croquemort. Chapeau bas ! et, au besoin, une courte prière pour le défunt. — Impudent étranger, tu salues l'incognito d'une grande dame. — Comment? Ce cercueil.... —

Ce cercueil est une gondole : tu n'as donc pas lu le
président de Brosses?. — Je l'ai lu, mais je croyais
l'égalité moins funèbre et l'incognito moins enterre-
ment de troisième classe. Au surplus, quelle couleur locale! Faire l'amour dans une bière me semble
d'une haute saveur italienne. Il y a même-là un
certain fumet espagnol qui ne messied pas à une
Venitienne telle que je me la figure.

Le type des blondes, rousses et brunes filles du
Titien et de Veronèse n'est pas perdu. On peut encore voir les modèles de ces maîtres séduisants
groupés, le matin, autour du puteal de quelque
Campo, puisant tour à tour l'eau du ménage dans
ces vases de cuivre dont la forme est si diverse,
mais toujours pittoresque en Italie. Elles causent et
jasent, vont et viennent, puisent et emportent leurs
seaux à l'aide d'un joug comme les laitières du pays
d'Auge. Ce sont des tableaux tout faits qui évoquent,
à côté du souvenir des vieilles peintures, je ne sais
quelle réminiscence orientale de Rébecca et d'Elié-
zer. Douces et charmantes sont les heures que l'on
passe dans ces contemplations solitaires, sans guide,
sans fâcheux, sans parti pris, cherchant à tâtons
son chemin dans les rues d'une ville matériellement
inconnue, mais intellectuellement familière. Le passé
se confond avec le présent, le réel avec l'idéal. Les
vivants deviennent des fantômes et l'on marche
dans son rève, jusqu'au moment où quelque fait tri-
vial vient brutalement affirmer l'existence corpo-
relle et actuelle du monde réel.

J'ai connu un touriste, épais de corps et fantasque d'esprit, friand d'observations personnelles comme une chatte de crème. Le mercredi 5 mai 1869, sur les 8 heures du matin, il sortait de Santa Maria Formosa, les yeux éblouis et charmés de la Sainte Barbe du vieux Palma, bayant aux pigeons, clignant l'œil au portail et cherchant son chemin. Abstrait et distrait, il marchait à tâtons et gauchement dans son rêve, quand un cri de pie-grièche arrachée du nid et une fraîcheur subite dans tout le côté gauche, le ramenèrent subitement à la réalité. Le flâneur distrait avait heurté Rébecca revenant de la fontaine, et d'un seau de cuivre tout plein s'était échappée en cascade une douche à l'adresse de mon ahuri. Quelle mine de réveillé en sursaut il dut faire; je vous le laisse à penser. Rébecca avait l'air d'une chatte affolée. Trois ou quatre Vénitiens qui devisaient en manches de chemise à la porte d'un barbier s'esclaffèrent de rire, et j'en fis autant au nez du flâneur mouillé, — de moins bon cœur, pourtant, que si je n'eusse été moi-même cet imbécile.

St-Marc. — Est-ce une mosquée, une forteresse, un temple payen baptisé? — Tout ce que l'on voudra excepté une église. Les cloches sont belles, et c'est la seule sonnerie sérieuse que j'aie entendue en Italie; mais le campanile est sur la place et n'est pas de la même famille architecturale que l'église. Tel qu'il est, St-Marc est un objet de haute curiosité. C'est une ruine cuite à point, rissolée et

craquelée à miracle par la patine et la décrépitude.
Le pavé est vallonné comme une mer orageuse; les
bronzes sont verts, les ors rougissent, et toujours
une lézarde apparaît à quelque coin à côté du trou
que l'on vient de boucher. Ruine solide, toutefois,
qui subsistera plus longtemps que les monuments
neufs et niais qui n'ont pas d'histoire. De splendides
mosaïques à côté de bien vulgaires. Les plus en vue
sont au tympan des portes extérieures, les plus curieuses sous le narthex. La postérité continue le
procès fait aux Zuccati : marchandise mêlée. Quand
on vient de Florence, on reste froid devant la porte
et les bas-reliefs du Sansovino. On s'intéresse plus
aux Delle Masegne. Est-ce à cause de leur balustrade de marbre et des statues qui la surmontent ou
par l'intérêt qui s'attache à leur inscription de 1394,
d'une si pure et si élégante épigraphie? Ai-je mal lu?
Je crois qu'elle se termine ainsi : *Jachobalus et Petrus Paulus fratr. da venaciis* FECIT. On peut être un
raffiné en sculpture et un barbare en grammaire;
peut-être, en s'abritant sous la même personne du
verbe, les frères Petit-Jacques et Pierre-Paul de
Venise ont-ils voulu consacrer d'une façon touchante leur union et leur communauté de travail et
demander ce que la postérité ne leur a pas refusé,
— la communauté de la gloire dans la petite part
qu'elle leur a faite.

Le tombeau de Daniel Manin est à sa place sous
le narthex de St-Marc, il a fort bon air de famille à la

suite de ceux des vieux doges, et les couronnes d'im-
mortelles dont il est couvert prouvent qu'on ne l'a pas
oublié. Le dessin du monument est bon. Les lions
qui supportent le sarcophage en porphyre sont en
plâtre, et le vernis de bronze s'écaille. Hélas ! Venise est pauvre; ses palais, inhabités, s'écroulent.
Aujourd'hui 6 mai 1869, jour de l'Ascension, les trois
mages, conduits par l'ange, ont beau sortir de leur
logette et frapper les heures sur le timbre de l'hor-
loge, la place est presque déserte et les pigeons ne
sont pas plus effarés que d'ordinaire. La Pala d'Oro
étincelle comme autrefois derrière le maitre autel ;
mais la foule, qui se presse sous le rayonnement de
ses pierreries, ne fête rien. Ce sont des étrangers
qui cherchent à voir. La tribune du doge est vide ;
le trône du patriarche est un fauteuil usé. L'office
est bruyant, pompeux à sa manière, mais sans majesté : il a l'air d'une protestation plutôt que d'une
affirmation.

Jadis, à pareil jour, le doge épousait l'Adriatique.
Le Lido est désert ou mal hanté. Quelques soldats
attablés avec des femmes à tournure cosmopolyte
boivent sans entrain... le vin de la guinguette ?...
Non, l'horrible liqueur de plomb, la froide et pâteuse
bière du Nord ; d'autres jouent aux boules comme
les petits rentiers des Champs-Elysées. Les oisifs se
dandinent en agitant la baguette blanche du tour-
lourou. Nous entrons dans une église ; l'autel est
sans parure et sans lumière ; une douzaine de femmes

déguenillées, assises en rond par terre récurent et
polissent les chandeliers et les cuivres ; on dirait une
horde de sauvages ou un camp de bohémiennes. Le
rivage de l'Adriatique est désert. Elle gronde et fait
gros dos, la veuve délaissée, en roulant majestueuse-
ment ses flots verts ; elle cherche en vain son vieux
fiancé sur le rivage. Nous sommes seuls à nous souvenir des grandeurs déchues et des bucentaures ou-
bliés. Trois gamins déguenillés cherchent dans l'é-
cume et dans les fucus les coquillages et les menues
épaves. Ce sont les témoins de l'oubli ; ils ne peu-
plent pas le désert, ils l'affirment. *Povera Venezia !*

Le palais ducal, — les musées, — les églises. —
Ici la splendeur de Venise est intacte, plus grande
peut-être que jamais. Les chefs-d'œuvre de ses
peintres inimitables sont comme les vins généreux,
fils du soleil, qui mûrissent et ne vieillissent pas. Tel
plafond du Véronèse, tel tableau du Titien sont aussi
lumineux et plus chauds qu'au sortir de la palette de
ces enchanteurs. Ils n'ont jamais eu de lumière, chose
rare à Venise et mal distribuée, mais ils la font et
s'éclairent eux-mêmes.

Les plafonds du Palais-Ducal, le Repas chez Lévy,
et la Présentation de la Vierge au temple à l'Académie des beaux-arts, le Christ au calvaire de San
Rocco et quelques autres éminents chefs-d'œuvre
donnent d'une façon magistrale et splendide une idée
de Titien et de Veronèse. Devant de tels maîtres, si les
Bassan, Palma le jeune, Paris Bordone et les infé-

rieurs s'inclinent, Jean Bellin, Giorgion et Palma le vieux ne baissent pas les yeux ; Bonifacio tient bon. Que celui qui aime les arts aille à Venise. Il n'est pas de cœur glacé qui n'en revienne réchauffé, pas de cœur tiède qui ne s'y sente brûler.

On sait qu'au temps de Titien et de Veronèse il y avait à Venise un rude et infatigable bonhomme, — ardente et ténace nature de bourgeois têtu, laborieux et jaloux. Sa tête enfantait des mondes. Son pinceau avait la fièvre. Comme un vieux géant de la fable, il entassait Ossa sur Pélion, et disait : J'escaladerai le ciel. Devant le Titien et le Véronèse, il ne reculait pas d'une semelle et mettait contre eux à l'enjeu de sa gloire trois tableaux pour un. Si le terrible Tintoret n'a pas vaincu les dieux, il a forcé la porte du ciel ; il a conquis sa place dans la pléiade Vénitienne. Comme autrefois encore, il tient bon aujourd'hui et accepte tous les défis. A l'Académie des beaux-arts, il se mesure avec Titien portrait à portrait. Sa Femme adultère égale les chefs-d'œuvre et dussé-je être traité de paysan du Danube, je préfère son Miracle de Saint-Marc à l'Assomption du Titien.

Il est inférieur au Véronèse dans les plafonds du Palais Ducal, mais quelle infériorité supérieure aux autres, et quel glorieux second rang ! Deux de ses fresques le mettent incontestablement au premier.

Dans la débauche incohérente de couleur que l'on appelle l'Ecole de Saint-Roch, il y a quatre ou cinq perles. En dehors de l'admirable groupe du pied de

la Croix, il ne faut pas les chercher dans son grand
crucifiement, moins encore dans le paradis du Palais
Ducal ; mais par-ci par-là, dans les plafonds et sur
les murs, en haut et en bas, il y a de véritables bijoux. Le plafond de Moïse et les serpents sont splendides. Si l'ordonnance et la convenance de la composition du tableau de la Piscine Probatique qui est
dans l'église laissent à désirer, c'est bien de la plus
chaude et de la plus lumineuse peinture qu'on ait
jamais faite.

Dans la Venise des arts, Jacopo-Tintoretto Robusti
est un doge.

Le Tiepolo est d'un autre âge ; mais n'avait-il pas
toute la fougue, la verve et le diable au corps des
vieux vénitiens avec une double dose de fantaisie et
de hardiesse? Qui donc l'oublie, quand il l'a vu,
même à côté et en face des dieux? et quelle critique
peut effacer une pareille impression?

Musique. — Charivari à Saint-Marc, charivari à
San-Pantaleone, une messe italienne furieuse, agitée
par le vent comme les statues du Bernin. — Une
gondole passe chargée de musiciens. Les riveraines
sont aux fenêtres, — les unes pour être vues des
autres, — les autres pour voir les unes. Les sous et
les lazzis pleuvent dans la barque; quelque monnaie
et toutes les plaisanteries tombent dans le canal.
Les comestibles sont accueillis avec une faveur particulière par les virtuoses qui cessent le concert et
démasquent leur orchestre..... c'est un orgue de

Barbarie. — Le soir, grande musique militaire sur la place Saint-Marc ; peu de monde hélas ! mais est-ce une raison pour exécuter lamentablement des marches funèbres à porter le diable en terre ? Je reconnais la musique de Wagner ; elle a du bon, mais le lieu et l'heure sont singulièrement choisis : comme de juste, la foule n'y comprend rien et chuchotte des pieds sur les dalles de la place. Le morceau finit, ah !.... un autre,... encore du Wagner !... toujours : ah !... mais cette fois-ci, c'est un baillement, et je vais me coucher.

MILAN, vendredi 7 mai. — 2 h. d'arrêt. — Un peu d'indulgence pour la cathédrale et pour le goût mêlé de l'architecte de Saint-Charles Borromée. Le premier coup-d'œil donne une impression agréable. Tenons-nous y ; très-belles et très-amusantes sculptures au portail, quoiqu'en marbre, obscurité mystérieuse de la nef qui ne vous laisse pas apercevoir tout d'abord le maladroit badigeon des voûtes ; beaux tombeaux, vitraux splendides ; à défaut de style et d'unité, une grande originalité ; et puis quel plaisir de répondre sans barguigner et haut la voix à la tourbe des cicéroni d'occasion qui veulent vous montrer le trésor de saint Charles et vous faire gravir à 6 h. du soir les 486 marches de la pyramide centrale : nous n'avons pas le temps ; laissez-nous tranquilles.

On est indulgent pour ce que l'on a vu librement, quand on n'a pas été forcé de voir ce dont on ne se soucie guère.

Saint-Michel-en-Savoie, — samedi 8, — 1 h. 1/2.
— Enfin, le Mont-Cenis est passé, et ce n'est pas
petite affaire. Dans trois ans, le passage sera une
bagatelle et en fermant les yeux pendant 50 minutes
on traversera les Alpes sans s'en douter.

Pour l'édification des races futures, voici comment
s'effectuait en chemin de fer le passage du Mont-
Cenis le 8 mai 1869.

Départ de Turin pour Suse à 5 h. 25 du matin.
Arrivée à Suse vers 7 h. Cohue, pêle-mêle, bouscu-
lade, tout le monde veut avoir des billets pour Saint-
Michel. On abandonne ses gros bagages, on trinque-
balle ses couvertures et ses sacs de nuit en caram-
bolant dans les jupes et dans les jambes, on se rue
sans contrôle et sans ordre au bureau de distribu-
tion ; la plus simple galanterie est complétement
méconnue et la force du poignet fait la loi comme
dans les sociétés les plus primitives.

Les plus avisés qui ont couché à Suse sont servis
les premiers ; les places disponibles s'épuisent
rapidement ; plus de premières, on nous fait la grâce
d'un train de marchandises ; nous arriverons après
les autres, — peut-être à temps pour prendre l'express. Nous nous jetons sur les places de rebut et
la vague espérance, comme naufragés sur pain blanc
et bien en prend aux résolus du premier moment.
Il n'y a bientôt plus ni fourgon ni espérance de
seconde classe et un gros de réprouvés devra passer
la journée à Suse et y coucher en attendant la fortune du lendemain.

On enfourne, on empile les élus dans d'étroits
omnibus. Il pleut, les rails sont mouillés, nous mon-
tons péniblement de temps; en temps, le remor-
queur manque son crampon, la machine siffle et
jure en vain, nous dégringolons. Le préposé au frein
(pas une sinécure ce poste-là) serre convulsivement
sa mécanique, un coup de tampon sasse les voyageurs et les tasse en les choquant les uns contre les
autres; nous sommes comme grains de blé dans
le tarare ou comme grains de café blutés dans la
rôtissoire; la fumée noire qui nous aveugle complète
l'analogie. Nous gagnons péniblement la région des
neiges en nous arrêtant de temps à autre dans des
villages faméliques dont toute la population pépie
après nous en tendant le bec comme une basse-cour
affamée. Nous cotoyons les précipices, nous plon-
geons sur les abîmes; une vieille française nerveuse
regarde convulsivement à ses pieds, s'effare, se
cabre et sursaute; on tend un manteau devant elle,
la pauvre affolée l'écarte; plus elle a peur, plus elle
veut voir; quelques autres dames ont pris le parti
de se trouver mal. Les plus raisonnables ferment
les yeux; nous atteignons les neiges. Nous nous en-
gouffrons dans un tunnel en planches avec des bruits
de tambour et de tonnerre; le bocal de café est
devenu un sac de noix, la porte est fermée, toutes
les glaces sont levées; nous étouffons, avec redoublement de fumée qui s'introduit par toutes les ser-
rures.

Nous arrivons en haut.

Nous descendons toujours le tunnel en planches, montagne russe, dégringolade vertigineuse avec des chocs et des soubresauts terribles aux angles et aux tournants; — Régulus et saint Godegrand dans leur tonneau, moins les pointes.

Nous descendons, nous descendons toujours à travers les cascades, les prépices, les forêts de pins et les admirables sites que nous voyons à la dérobée quand la fumée le permet. Après 6 h. de cachot et de cahot, nous nous arrêtons devant le bureau de Saint-Michel. L'express attend en rongeant son frein, — mais il attend, les bagages se retrouvent, se visitent, rien n'est perdu. Ahuris, mais soulagés comme au sortir d'un chenil, aboyant et hurlant, nous prenons nos billets pour.... PARIS.

Le voyage d'Italie est fini

Gustave LE VAVASSEUR.

POST-SCRIPTUM

———◆◦◆———

Tous les bons Normands connaissent l'histoire de Jean Patye, chanoine de Cambremer, lequel se fit porter par le diable à Rome, *en pensée de femme;* Satan trouva la farce si bonne, bien qu'il en fût le dindon, qu'il voulut en conserver le souvenir dans ce fameux distique en vers rétrogrades, après la traduction desquels Scaliger jeta sa langue aux chiens.

Signa te, signa. — Temerè me tangis et angis.
Roma, tibi subitò motibus ibit Amor.

Pourquoi les chanoines de Cambremer étaient-ils obligés d'aller chanter à Saint-Pierre de Rome l'épître de la messe de minuit? — La légende ne donne pas de raisons, elle raconte. Je n'en sais pas plus long qu'elle.

Toujours est-il que la veille de Noël, en l'an 1537, Jean Patye faisait sa promenade de digestion accoutumée, à une heure de relevée, sur la promenade de Bayeux, sans plus s'inquiéter de son obligation d'outre-mer que d'un voyage à Caen ou à Arromanches.

Le chanoine avait fait marché avec le diable qui devait le transporter à Rome *en pensée de femme,* et il ne se préoccupait que de la façon dont il s'y prendrait pour ne pas perdre la respiration ; il était sûr d'arriver à temps.

Vers onze heures et demie de la nuit, son aumusse sur le bras, à califourchon sur le dos du malin et chaudement abrité sous ses grandes ailes, il contemplait l'azur sur sa tête et sous ses pieds, quand le tentateur lui dit, d'un ton doucereux :

Signa te, signa.

Comme qui dirait :

— Jean Patye, mon bonhomme, as-tu fait ta prière du soir ? Allons un petit signe de croix.

A la première syllabe d'*In nomine Patris*, le malin, que le signe sacré dissipe, s'attendait à lâcher le chanoine qui aurait eu une fin semblable, mais plus triste que celle d'Icare et de Michel Morin, ayant passé sa dernière heure avec un étrange confesseur.

Mais, plus malin que le malin, Jean Patye répondit :

Temerè me tangis et angis.

— Tu as beau faire, tu perds ton latin.

Et il ajouta avec un grand désir de chanoine :

Roma, tibi subitò motibus ibit Amor.

Littéralement :

Rome, l'amour ira à toi du premier coup.

Comme qui dirait :

Nous allons à Rome en *pensée de femme,* nous y serons tout-à-l'heure.

L'Amour étant la plus habituelle, la plus vive et la plus alerte pensée de la femme;

Nous allons à Rome en *pensée de femme*, nous y serons tout-à-l'heure.

Jean Patye arriva à Rome sain et sauf et eut encore le temps de se donner un coup de peigne avant de chanter son épître.

La légende ajoute qu'il revint par le même chemin après avoir volé la bulle où était consignée l'obligation du chapitre de Cambremer.

Je n'en crois rien.

Jean Patye revint à coup sûr mort ou vif; il repose en terre sacrée, virilement cousu dans une peau de bœuf; il y a plus de vingt ans que le custode m'a montré son singulier tombeau dans la sacristie basse de la cathédrale de Bayeux, le jour où je lui expliquai pourquoi Saint-Jean, patron du défunt était portraituré sur le mur de la niche.

Mais, il ne revint, ni en pensée de femme, ni en désir de chanoine. Il était trop curieux pour ne pas se promener un instant après la messe dans cette Basilique de Saint-Pierre que concevait alors San-Gallo en attendant que Michel-Ange la mit au monde.

Il revint à petites journées, j'imagine, se retournant souvent comme la femme de Loth et se consolant à cette idée que, changé en statue, il contemplerait éternellement la ville éternelle.

Si nous n'avons pas traversé la Méditerranée *en pensée de femme* comme Jean Patye, nous l'avons passée comme lui sur le dos du diable, — passagers de cet ensorcelé *Général Abattucci* qui devait si misérablement sombrer deux mois plus tard.

Et, satisfaits de l'épreuve, nous sommes aussi revenus à petites journées, mangeant l'artichaud feuille à feuille, savourant Florence et dégustant Venise et donnant sur notre chemin un coup de dent par-ci par-là.

Jean Patye ne fut pas le premier pèlerin normand de Rome, et nous ne sommes pas les derniers.

Le Poussin y est resté; mais Jean Lehoux et Saint-Amand en sont revenus. — Ceux-ci et tant d'autres ont trouvé la terre normande suffisamment sainte pour le repos du corps en attendant la résurrection.

Ainsi, fais-je; je regagne mon foyer, un peu ébloui des splendeurs de la terre étrangère, mais fidèle aux habitudes du sol natal; en rentrant dans mes pantoufles, je dois prendre congé de vous, courtois lecteurs, qui avez supporté avec indulgence l'ennuyeux bavardage du touriste, -- de vous aussi, ami De Broise, qui m'avez déchiffré avec la patience d'un bénédictin.

Adieu est un vilain mot, formé de deux autres bien solennels.

J'aime mieux vous dire

Au revoir :

Gustave LE VAVASSEUR.

La Lande-de-Lougé, le 25 mai 1869.

ERRATA

—

Page 5. Ligne 1. Quattre fontane, *lisez* quattro fontane.
— 9. — 15. Comme Montaigne entendait *voir* la messe, *lisez :* comme Montaigne entendait la Messe.
— 9. — 24. Maudir, *lisez :* maudire.
— 10. — 17. Pucce, *lisez :* pulce.
— 11. — 1. *Vicile, lisez :* vive.
— 11. — 4. Orace, *lisez :* Brace.
— 11. — 9. Sup, *lisez :* de.
— 11. — 21. Indulgencière, *lisez :* indulgenciée.
— 13. — 11. Fuges, *lisez :* fugues.
— 13. — 11. Appogiatures, *lisez :* appoggiatures.
— 14. — 29. Fiaschetto, *lisez :* fiaschetta.
— 17. — 9. Son accent grave, *lisez : un* accent grave.
— 17. — 23. Iliade de Pierre, *lisez :* Iliade de *pierre.*
— 19. — 2. Da Fiérole, *lisez :* da Fiésole.
— 19. — 4. Parée, *lisez :* parée.
— 22. — 29. Est plus là *qu'un poëte, lisez :* est plus là *à sa place.*
— 23. — 6. Chicaner *la rudesse* de l'étoffe, *lisez : l'origine* de l'étoffe.

Page 24. — 16 et 17. Pintaricchio, *lisez* : Pinturicchio.

— 25. — 13. Amis, *lisez* : *Aussi.*

— 26. — 21. Apothéos, *lisez* : apothéose.

— 30. — 1. et 2 *Praxitéle, lisez* : *Lysippe.*

— 30. — 3. Par*tir, lisez* : parler.

— 32. — 26. Vauxhale, *lisez* : Vaux-hall.

— 34. — 13 et 14. Supprimer : *et qui sait s'il ne s'accomplira pas. Une chose en restera peut-être.*

— 35. — 1. Cemi, *lisez* : cenci.

— 38. — 23. Leur yeux, *lisez* : leurs yeux.

— 38. — 23. Pudeur *ou* Braccio Nuovo, *lisez* : pudeur *du* Braccio Nuovo.

— 38. — 24. Polymné, *lisez* : Polymnie.

— 39. — 5. Spado, *lisez* : Spada.

— 39. — 10. Commode, Hercule, *lisez* : Commode-Hercule.

— 39. — 21. Gordden, *lisez* : Gordien.

— 39. — 29. Blandula, *lisez* : blandula.

— 40. — 6. *Après* : à gauche, *ajouter* : de l'autel.

— 43. — 12. *Après* : de Constance, *ajouter* : *et* d'Ile-lène.

— 44. — 22. Saint Ger*vais, lisez* : Saint *Grégoire.*

— 45. — 18. Sigala*y, lisez* : Sigalo*n.*

— 47. — 10. Que j'ai, *lisez* : que j'aie.

— 48. — 8. Transfiguration, *lisez* : transfiguration.

— 49. — 17. Mais, *lisez* : et.

— 50. — 18 et 19. Farnésine, *lisez* : Fornarine.

— 52. — 20. Flagellation de Saint *Grégoire, lisez* : flagellation de Saint *André à Saint Grégoire.*

Page 53. — 22. *Ririons, lisez : Verrons.*

— 55. — 16. et suiv. Mettre l'alinéa après *Apostoli.*
rétablir ainsi la phrase : Et chacun
de nous a pu distinctement entendre
les paroles de la longue formule :
Sancti Apostoli.

En attendant qu'une décision formelle vienne condamner la tradition
urbis et *orbis*, il m'est consolant et
doux, etc.

— 57. — 2. De la Sixtine à la Pauli*ne* le jeudi saint,
lisez : de la Sixtine à la Pauli*ne*, le
Jeudi saint, le Pape, etc.

— 58. — 27. Photographies de face; ses meilleurs
portraits, etc , *lisez :* photographies;
de face ses meilleurs portraits.

— 59. — 5. Que j'ai, *lisez :* que j'aie.

— 60. — 3. Précipitent, *lisez :* précipitaient.

— 63. — 4. Après i particulières.

Alençon. — E. De Broise, imp.

www.ingramcontent.com/pod-product-compliance
Lightning Source LLC
Chambersburg PA
CBHW050009100426
42739CB00011B/2563